RÉCIT D'UNE JEUNE FEMME

PARIS. — IMP. CHAIX, SUCC. DE SAINT-OUEN, 86, RUE DES ROSIERS.

RÉCIT

D'UNE

JEUNE FEMME

PAR

Mme Florinda D., née R. F. de A.

LIBRAIRIE BRIDAY

DELHOMME ET BRIGUET, SUCCESSEURS

PARIS | **LYON**
13, RUE DE L'ABBAYE | 3, AVENUE DE L'ARCHEVÊCHÉ

1883

PROLOGUE

J'ai voulu faire plaisir à mes amis en écrivant le « *Récit d'une jeune femme* »; je pensais bien, du reste, que mes impressions et mes souvenirs ne verraient le jour que lorsque je ne pourrais plus moi-même le contempler.

Mais, comme il arrive souvent en pareil cas — quoi qu'on puisse croire de la modestie présumée de tous les auteurs, pris en général —, il est arrivé ici encore qu'on a fait réellement violence à l'auteur de ce petit livre. Un jour, quelqu'un est venu qui a voulu voir le manuscrit, l'a parcouru rapidement, l'a mis dans sa poche et s'en est allé. Et, comme toutes les personnes à qui je contais mon aventure, au lieu de me plaindre, avaient tout l'air de se réjouir et de me féliciter, je suis restée tranquille et j'ai laissé faire. Je n'ai point corrigé d'épreuves, je n'ai point retouché mes pattes de mouche.

Que le lecteur me pardonne donc et pardonne à mes amis! Que mes lectrices admirent comment Dieu mène les hommes et, quelquefois les femmes, à travers les événements les plus extraordinaires, et cela dans une courte période de vingt ans!

F. D. NÉE R. F. DE A.

Avril 1883.

RÉCIT D'UNE JEUNE FEMME

I

PREMIÈRES ANNÉES

France, Angleterre et Espagne. — Un jeune patriote. — Ma naissance en mer. — Puentes-Grandes de la Havane. — L'Alameda de Cadix. — La vieille Francisca. — Je suis volée par une *gitana* à Séville. — Une vengeance toute britannique. — L'hôtel de famille. — Ma chambrette. — Éducation sérieuse. — Emploi du temps. — Mon père est nommé consul général à Saïgon. — Son portrait.

Avant de commencer le récit que j'ai entrepris de faire, je dois dire un mot de ma famille, de ma naissance et de mon enfance.

Par mon père, je descends d'une très ancienne famille de la province de Cadix, famille andalouse, et, par conséquent, du plus pur sang espagnol. Par ma mère, je tiens à la France et à l'Angleterre. Par ma naissance, je suis de la Havane; par mon enfance, je suis de Cadix, et par mes voyages et ma vie je suis de partout.

En 1793, époque de si triste mémoire pour la France, une famille normande prit à son tour le chemin de l'émigration, comme tant d'autres, et passa la Manche. Cette famille était composée du père jeune encore, de la mère et d'une petite fille. A la suite de plusieurs malheurs, ils s'établirent définitivement en Angleterre, où ils pleurèrent longtemps leurs parents et leurs amis emportés dans la tourmente révolutionnaire, leurs biens perdus pour eux, quoique retrouvés pour d'autres, et surtout leur chère patrie qu'ils ne pouvaient plus voir et qu'ils savaient si malheureuse.

Ce jeune ménage supporta toutes les épreuves avec courage, force et résignation, à la volonté de Dieu, et les parents élevèrent pieusement leur unique enfant, qui devint

une charmante jeune fille. Un jeune homme
appartenant à la noblesse anglaise, lord
William ***, la vit et l'aima ; il l'épousa peu
après et en eut une petite fille.

L'année 1811 fut aussi une époque doulou-
reuse pour l'Espagne et plongea bien des
familles dans l'affliction et le désespoir.

Napoléon Ier avait résolu de vaincre ce vaillant et indomptable pays ; tous les moyens lui
furent bons pour y parvenir, et comme Cadix
était le siège de l'indépendance et le boule-
vard du patriotisme aux abois, une flottille
française vint la bloquer pour empêcher les
vivres d'entrer dans ses murs et la réduire
ainsi par la famine. Dans ces malheureuses
circonstances, plusieurs Espagnols exposèrent
leur fortune et leur vie, comme celles de leurs
familles, pour porter secours à la ville assié-
gée ; parmi eux, il y avait un jeune homme
qui acheta dix bateaux et paya des hommes
afin de porter des vivres à Cadix ; cela réussit
quelquefois, mais un jour les Français s'em-
parèrent des bateaux, les brûlèrent et firent

prisonniers les hommes; le jeune patriote échappa aux mains des ennemis; il était marié, et il fut contraint de partir avec sa femme, alors près d'accoucher, pour la ville d'Algésiras : le saisissement et la frayeur hâtèrent le dénouement pour la jeune mère qui eut un fils en arrivant au lieu de son exil.

A quatre ans, l'enfant était orphelin; son père mourut désespéré de voir l'Espagne aux mains de l'étranger et la plus grande partie de sa fortune perdue; la jeune veuve éleva son fils courageusement, et celui-ci, venu au monde au bruit du canon de Napoléon Ier, devint aussi brave qu'intrépide. Les voyages étaient sa passion; dès son plus jeune âge, il prenait plaisir à construire de petits navires; pourtant il ne suivit pas d'abord la carrière maritime; en 1830, nous le voyons aide de camp du général Torrijos, qui avait remarqué ses aptitudes et son courage; il quitta l'armée un peu après pour se consacrer à l'étude des sciences et des voyages.

C'est dans un de ses voyages en Angleterre qu'il fit la connaissance de lord William *** et de sa fille, une ravissante enfant de dix-huit ans ; le jeune Espagnol devint éperdûment amoureux de celle-ci et l'épousa.

Ils voyagèrent d'abord ensemble, puis, les parents étant morts, ils vinrent s'établir en Espagne, y restèrent quelques années et repartirent encore. Cette fois, ce n'était plus pour voyager simplement à travers l'Europe, mais pour visiter les deux Amériques. Comme ils revenaient en Espagne et qu'ils désiraient auparavant voir la Havane, le navire qui les portait fit naufrage au milieu d'une grande tempête. Le même accident qui était arrivé à la belle-mère de la jeune dame en fuyant Cadix, se reproduisit identiquement pour celle-ci ; enceinte de sept mois, à peine fut-elle débarquée qu'elle mit au monde une petite fille presque née dans le naufrage et la tempête.

Il fallut rester au moins quelque temps à la Havane ; on loua une maison de créole à

Puentes-Grandes : c'est là que le señor Cristobal Suarez Caballero, curé coadjuteur de l'église paroissiale de San-Geronimo de Mordazo y Puentes-Grandes, fit ouvrir le livre des baptêmes destiné aux Espagnols non résidents et inscrivit sur le verso de la feuille 153 que, le jeudi 30 avril 1858, il avait baptisé solennellement la nommée Florinda*** et lui avait conféré l'huile sainte des catéchumènes et la confirmation.

Je crois inutile de dire que cette petite fille, née en de si étranges circonstances, est l'auteur de ces lignes dans lesquelles elle vient de raconter sommairement l'histoire de ses grands parents.

En quittant Puentes-Grandes de la Havane, mes parents retournèrent habiter l'Espagne. Mon père se fixa à Cadix et y acheta un hôtel splendide, situé tout à l'entrée de la belle promenade de l'*Alameda*. La façade principale donnait sur l'Alameda, le côté droit sur la mer, le côté gauche sur des jardins, l'autre façade sur une magnifique place.

C'est avec bonheur que je me rappelle cette belle demeure, où s'écoulèrent les jours de mon enfance, jours qui eussent toujours été si heureux et sans nuages si j'avais eu toujours à mes côtés celle que Dieu donne aux petits enfants, pour former leur cœur et leurs pensées, pour les protéger et aussi les corriger, cet ange du foyer qui en est l'ornement, la joie et la consolation, cette créature aimante enfin à qui on donne le doux et tendre nom de mère..... Hélas! je n'ai joui de ce bonheur que pendant trois ans, et malgré ma tendre enfance, j'ai conservé dans mon esprit et dans mon cœur le souvenir de sa douce voix et de sa chère figure. Faute de mère, je fus confiée pour les soins de tous les jours à une excellente femme qui avait élevé mon père dès ses premières années et avait même assisté à sa naissance. La bonne créature était restée avec ma grand'mère jusqu'à sa mort, puis elle était venue chez mon père. Je vois encore sa bonne et vieille figure, car lorsque je l'ai connue, elle n'avait pas loin

1.

de quatre-vingts ans; elle était de haute taille et assez mince, elle avait perdu tout ce qui lui restait de famille; mariée à un sergent-major, son fils avait obtenu dans l'armée le même grade que son père. Ils étaient morts sur le champ de bataille, tous deux, et ma pauvre Francisca, après tant de malheurs, était venue tenir la maison de mon pére.

Très alerte malgré son âge, elle gouvernait admirablement bien notre maison; le chagrin d'avoir perdu son mari et son fils l'avait tant fait pleurer qu'elle en avait contracté une maladie d'yeux; elle était restée avec un œil à demi ouvert et avec une taie blanche sur la prunelle de l'autre, ce qui lui donnait un air très singulier, mais ne l'empêchait pas de voir à peu près tout ce qu'elle voulait. Elle avait été très jolie dans sa jeunesse et elle possédait encore de beaux restes, un beau front, de superbes cheveux noirs, ce qui est bien rare à son âge. Son profil fût resté encore très correct, si elle n'eût pas perdu toutes ses dents; cette infirmité et les ravages des années avaient fait de sa jolie bouche un petit orifice caché daus les profondeurs de son nez et de son menton; le premier s'était recourbé, le second s'était avancé, et cela me faisait penser que ma bonne Francisca ressemblait beaucoup à une immense *catala,* sorte de grande perruche blanche et rose que nous avions rapportée d'Amérique.

La bonne vieille aimait beaucoup à me faire asseoir sur une petite chaise devant elle et à me montrer à tricoter, travail où elle excellait, et que je me laissais apprendre assez bien. Ce qui me plaisait le plus, c'était de la voir enfiler les perles de son chapelet quand le crépuscule arrivait et qu'elle s'asseyait un moment pour se reposer. Je profitais de l'obscurité, et aussi un peu de sa vue qui n'était pas absolument nette, pour lui cacher ses perles et mettre à leur place, dans son giron, des chenilles de diverses grandeurs, de grosses pour imiter les grains des *Pater,* de petites pour remplacer les *Ave.*

Ces petites bêtes se prêtaient très bien à ce
jeu d'enfant, car après les avoir agitées de
mon mieux dans ma main, elles restaient
roulées en forme de perles pendant assez
longtemps. Lorsque j'avais mis mes chenilles
à la place des grains du chapelet, j'allais
silencieusement me cacher dans un endroit
d'où je pouvais voir Francisca enfiler avec
ardeur ces perles d'un nouveau genre qui
tombaient au fur et à mesure qu'elles étaient
placées. Cela plongeait dans l'étonnement la
pauvre femme qui sentait entre ses doigts son
fil vide et ne pouvait s'en expliquer la cause,
à mon grand plaisir.

J'avais cinq ans lorsque je tombai malade
à la suite d'une épidémie qui régnait dans
la ville et faisait mourir beaucoup d'enfants;
c'était le croup et j'eus aussi la rougeole.
Les médecins me condamnèrent, mais mon
père qui, dans ses voyages, avait étudié la
pratique de la médecine, me soigna et me
sauva. Après ma convalescence, il voulut me
faire changer d'air et m'emmener à Séville

avec ma femme de chambre, laissant à la bonne Francisca le soin de garder la maison.

Je me souviens encore, non sans effroi, d'une aventure qui me fit faire de sérieuses réflexions et m'assura la vertu de prudence pour longtemps. J'aimais beaucoup à aller sur le seuil de l'hôtel que nous habitions, et je m'amusais, depuis la porte du jardin, à regarder la foule qui passait. Ce qui m'intéressait le plus, c'était la mine farouche des *gitanos*, la variété des couleurs, leur costume et leurs mœurs étranges. A Séville il y a un grand nombre de ces bohémiens ou *gitanos* qui habitaient précisément non loin de notre hôtel, un quartier que l'on appelle le faubourg de Triana, de l'autre côté du Guadalquivir. Ils vivent d'une façon à part, logent dans les faubourgs des villes ou dans de nombreux villages à eux, et voyagent souvent par tribus errantes dans la campagne espagnole, surtout en Andalousie. Il y en a qui sont terribles; ils volent les enfants pour en faire des saltimbanques; ils commettent des crimes

et des horreurs et sont tour à tour marchands,
comédiens, sorciers, diseurs de bonne aventure. Leur peau est très foncée, leurs yeux
sont brillants et leurs vieilles femmes ont des
figures affreuses.

Un soir donc, j'étais à regarder dans la rue,
selon mon habitude, lorsque je vis venir à
moi une de ces vieilles et laides *gitanas*,
toute couverte de haillons : elle venait déjà
depuis plusieurs jours et, malgré ma répul-
sion, je lui donnais du pain et des restes de
mon dîner que je mettais de côté pour elle.
Connaissance faite, ce jour-là elle me pria de
venir avec elle au coin de la rue pour me
faire voir quelquechose de curieux : j'hésitai;
je refusai; mais elle insista si bien, que je
finis par acquiescer à son désir et je fis
quelques pas avec elle. Au coin de la rue,
nous étions seules ; elle me prit dans ses
bras et m'emporta en courant. J'essayai de
me débattre et de crier; mais elle me donna
tant de coups que je dus me taire; du reste,
avec une de ses vilaines mains noires, elle me

fermait la bouche si violemment que j'étais presque étouffée. Quelques instants plus tard, je me trouvais dans un dédale de ruelles sales et noires, d'où je voyais sortir de tous les côtés des gens qui avaient le même aspect que la ravisseuse ; j'étais bien perdue et je le sentais si bien que je ne criais même plus. L'épouvante me faisait dresser les cheveux sur la tête ; il n'y avait pas sur mon pauvre petit corps une place qui ne fût meurtrie ; je pleurais tout bas et priais Dieu aussi, quand tout à coup j'entendis des pas précipités : c'était ma bonne qui accourait avec une de ses amies : la *gitana* me lâcha aussitôt pour s'enfuir dans le labyrinthe de cet infect quartier, et je vins me jeter toute tremblante entre les bras de mes sauveurs. Mon horrible aventure était finie : on ne la raconta à mon père qu'à notre retour à Cadix.

Désormais dans mes promenades je fus toujours accompagnée et surveillée de près ; tantôt nous allions nous abriter contre le soleil sous les frais ombrages des orangers de l'Alcazar, tantôt nous faisions une excursion charmante aux *Delicias de Christina*, ou sur les bords du fleuve, ou bien encore nous entrions à la cathédrale pour y admirer les autels, les lustres, les grands chandeliers d'argent, les tableaux, les statues et les riches ornements des chapelles. Ce qui m'est resté le plus dans la mémoire, ce sont les énormes clous des portes de la sacristie, et c'est la grande *Giralda*, bien faite aussi par sa hauteur, sa beauté, ses proportions harmonieuses, pour frapper l'imagination d'une petite fille de six ans.

Je n'oublierai jamais non plus une scène des plus comiques dont je fus le témoin le jour même de notre départ. Nous étions à déjeuner lorsqu'une discussion s'éleva entre plusieurs jeunes gens qui étaient à table avec nous; un d'eux, dans le feu de sa démonstration, renversa par hasard le verre de vin d'un Anglais qui se trouvait tout près de lui; le rouge liquide alla tomber sur le pantalon d'une blancheur éclatante de notre gentleman. L'Espagnol était désolé de cet accident et s'excusait de

son mieux; mais à toutes ses paroles de pro-
testations l'Anglais ne répondait rien, il semblait une statue de marbre. Nous continuions
de déjeuner et personne ne pensait plus à ce
fâcheux accident; l'Anglais pourtant y pensait,
lui! Le repas terminé, il demande une bouteille qu'il fait déboucher, remplit tranquillement, son verre, se lève, et avec le même
flegme qu'il avait montré lors de l'accident,
verse le contenu de son verre sur son mala-
droit voisin. Celui-ci, sans se donner le temps
de la réflexion, bondit et administre à l'insu-
laire une paire de soufflets, puis il exhibe sa
carte et se met à sa disposition. Nous attendions avec anxiété la fin de tout cela, quand
l'Anglais, toujours avec le plus grand sang-
froid, ayant satisfait sa vengeance, toisa son
adversaire des pieds à la tête et s'en alla
sans mot dire dans la pièce voisine fumer un
cigare de la Havane, laissant les Espagnols
stupéfaits.

Quand j'eus sept ans, mon père se chargea
de mon éducation, et pour commencer il

désira que je ne couchasse plus dans la chambre de Francisca. Il me fit donc arranger une très jolie chambrette, où j'étais toute seule, mais qui cependant n'était pas très loin de la sienne ni de celle de Francisca. Elle était située du côté gauche de la maison, au premier étage. J'avais une fenêtre sur le jardin, et rien n'était plus agréable pour moi, car de là je voyais tous mes chers petits oiseaux et tous les animaux que j'aimais tant; j'en avais une autre sur l'*Alameda*, par où je voyais aussi la mer. En entrant dans ma chambre, au fond et à gauche, on trouvait mon petit lit en imitation de bambou, comme tous les autres meubles; entre mon lit et la fenêtre du jardin, une jolie table au-dessus de laquelle était appendue au mur une peinture exquise de notre grand Murillo représentant la *Virgen del Rosario;* cette image, je l'aimais beaucoup, et le soir en me couchant il me semblait que la Vierge me souriait doucement et que l'Enfant Jésus m'envoyait sa bénédiction. De l'autre côté de la fenêtre était un petit bureau-bibliothèque, où j'avais rangé tous mes livres d'étude reliés en maroquin de couleur claire, portant sur le dos mon nom imprimé en caractères plus foncés; devant le bureau, un fauteuil élégant, puis tournant vers la droite, la fenêtre d'où j'avais une vue admirable sur l'*Alameda* et la mer. De l'autre côté de la fenêtre on avait placé une étagère dont j'avais fait ma maison de poupées; j'avais distribué chaque rayon en étages : en bas c'étaient ma cuisine, la salle à manger, le petit salon ou boudoir; au premier, les chambres à coucher et une bibliothèque; au deuxième et dernier, les chambres d'amis et de bonnes. Au-dessous venaient les écuries et les remises. Tout cela avec de jolis meubles lilliputiens, une batterie de cuisine, des chevaux, des voitures, des domestiques, entre autres une cuisinière française et enfin tout ce qu'il fallait. Pour finir le voyage autour de ma chambre, encore à droite quelques chaises, la porte par laquelle nous sommes venus et entre la porte et mon petit lit, une armoire à glace. Tous les rideaux et toutes les tentures était en crêpe de Chine blanc, relevés par des cordelières de soie de couleur foncée. Je ne puis oublier non plus de dire que j'avais sur mon étagère la statuette du saint préféré, du protecteur chéri et traditionnel qui est comme le dieu Lare des foyers espagnols, je veux parler d'un petit saint Antoine de Padoue en ivoire; de chaque côté on avait mis des vases de Chine que tous les jours je remplissais soigneusement de fleurs, et au-dessus de mon lit, on pouvait voir aussi un bénitier qui était en coquillage de Chine. L'embrasure des fenêtres était égayée par tout un jardinet de fleurs odorantes; celles que j'aimais le mieux, c'était le muguet, le jasmin, la rose blanche et le chèvrefeuille, qui s'enlaçait autour des barreaux et montait très haut. On sait, du reste, qu'en Espagne les fenêtres sont de véritables balcons vitrés, où l'on peut s'asseoir à l'aise pour regarder au dehors.

Je ne veux point décrire tout l'hôtel, mais pourtant je dirai un mot des pièces les plus

curieuses. La chambre de mon père était toute
en bois noir et bronze doré, les rideaux et les
draperies de grenat sombre; on y voyait quelques belles peintures et des portraits de famille.
Le grand salon était tendu en damas rouge
foncé et possédait de beaux meubles modernes;
le petit salon, qui servait de chambre d'attente,
était un vrai musée des choses les plus curieuses
des pays lointains, et avant d'y arriver il
fallait passer par une galerie où l'on trouvait
toutes sortes de trophées, d'armes et d'ar-
mures, des panoplies et des portraits histo-
riques de rois, de reines et des plus grands
personnages d'Espagne; j'aimais fort à me promener dans cette galerie, et un de mes grands
plaisirs était de m'arrêter en différents
endroits, et de regarder soit *Isabelle I*, soit
Juana la Loca, soit un autre; j'avais beau
changer de place, leurs yeux me suivaient
partout avec un grand regard interrogateur.

La pièce où mon père se tenait de préfé-
rence était sa bibliothèque; elle était très
grande, située au rez-de-chaussée, les fenêtres

donnant sur la promenade de l'*Alameda*. Les murs étaient tapissés de cartes géographiques de tous les pays du monde, et les meubles en bois noir, admirablement travaillé. Un grand nombre d'objets en bronze tranchaient sur les draperies en velours vert sombre, puis venait une immense bibliothèque avec une suspension cuivre et bronze, et enfin un vaste bureau où l'on remarquait de chaque côté sur des tablettes plusieurs crânes, des têtes d'assassins et de bandits fameux provenant du *presidio* ou bagne de Ceuta, et des squelettes d'animaux étranges qui servaient aux travaux phrénologiques dont s'occupait mon père.

J'ai dit que mon père voulut surveiller sérieusement mon éducation à partir du moment où j'eus atteint l'âge de sept ans. Il exigea alors que ma femme de chambre ne m'habillât plus, mais qu'elle restât dans ma chambre pendant que je faisais ma toilette, afin de voir si je ne négligeais rien et pour m'aider dans les choses indispensables et difficiles.

Il fallait aussi que je fisse entièrement le ménage de ma chambrette, excepté toutefois .e samedi où la bonne se chargeait de ce soin ; pour cela, j'avais dans un cabinet de toilette voisin tous les instruments nécessaires : un petit balai charmant, un petit plumeau ravissant et une foule d'objets mignons à mon usage exclusif et faits exprès pour moi. Lorsque ma chambre était mise en ordre, je faisait ma prière du matin, et, comme par goût, je me levais de bonne heure, je pouvais déjà descendre un peu dans les jardins, où j'allais soigner mes fleurs et faire ma visite à mon petit oiseau, à ma chère tourterelle, à mon chat noir et à mon joli chien ; j'admirais les parterres fleuris, j'écoutais chanter les oiseaux et j'aimais à me promener dans les allées sombres ou sur le gazon, où l'on voyait briller, aux rayons du soleil levant, les gouttes cristallines de la rosée du matin.

Après cela j'allais à la bibliothèque souhaiter le bonjour à mon père. Celui-ci, avant de me répondre m'enveloppait d'un regard pour voir si ma toilette était vraiment irréprochable; dans ce cas, il m'embrassait sur le front, et, après avoir causé un moment sur des sujets toujours instructifs, nous allions prendre notre premier déjeuner. Si par malheur j'avais quelque chose dans ma toilette qui laissât à désirer, j'étais sûre d'être renvoyée sévèrement et de ne point recevoir le baiser paternel avant d'avoir réparé la faute.

Le déjeuner terminé, nous faisions un tour dans les jardins, où mon père se plaisait à me donner des explications utiles sur les animaux et sur les plantes, j'allais ensuite dans ma chambre, j'étudiais pendant deux heures et venais retrouver mon père dans la bibliothèque pour recevoir ma leçon. Suivaient le second déjeuner et une récréation de deux heures. Nouvelle étude, après laquelle, pour me délassser, je travaillais à quelque ouvrage d'agrément et m'adonnais à la lecture de quelque auteur favori, comme l'histoire du Cid en vers espagnols ou le *Télémaque* de Fénelon, qui faisait mes délices et que je lisais en français;

j'apprenais aussi par cœur toutes les poésies et les fables qui me semblaient les plus jolies. Quatre heures amenaient le diner et la promenade en voiture', en compagnie de mon père ou de la vieille Francisca. J'étais toujours couchée à neuf heures. Les dimanches et jours de fête, nous allions à la messe; c'étaient de grands jours pour la petite Florinda, et son cœur battait d'une joie indicible et presque aussi fort que les carillons des cloches sonnant à toute volée !

Depuis son retour de la Havane, mon père ne voyageait plus et il ne faisait guère que de courtes absences. Il s'occupait généralement de politique, et lui avait même sacrifié une grande partie de sa fortune; il avait de grandes relations et recevait beaucoup. Je le savais, mais il m'était absolument interdit de me présenter lorsqu'il y avait des réunions à l'hôtel et du monde à dîner; je prenais dans ce cas mon repas avec Francisca, et nous étions servies dans une petite salle à manger voisine de la grande.

Mon père avait été député à plusieurs reprises ; en 1868, il fut nommé de nouveau aux Cortès, mais il déclina cet honneur et on l'envoya au Consulat d'Espagne à Saïgon, dans la Cochinchine française, avec le titre de consul général. Il crut bien qu'on lui donnait un poste aussi lointain afin de ne point l'avoir si près, mais il l'accepta pour plusieurs raisons : d'abord parce qu'il aimait les voyages ; il se voyait vieillir et il désirait avant de mourir voir cette partie du monde qu'on appelle l'Extrême Orient, la seule qu'il n'avait point visitée ; il venait d'ailleurs de faire de grandes pertes dans une mine de charbons en Espagne et dans une banque en Amérique ; cela l'eût peut-être forcé à restreindre ses dépenses ; il préféra partir.

C'était un homme de haute taille, fort sans être gros : dans sa jeunesse, il avait été remarquable par la beauté et la régularité de ses traits, un peu trop fins et délicats peut-être pour un homme. Aussi, aimait-il à laisser pousser toute sa barbe, ce qui lui donnait l'air tout à fait viril; cette barbe était noire, à reflets fauves comme ses cheveux, ondulée, souple et fine comme de la soie. Ses beaux cheveux et sa barbe s'accordaient bien avec des yeux d'un noir profond, parfois doux et caressants comme le velours, parfois terribles comme la foudre dans une nuit sombre et noire; ses sonrcils très fournis, noirs et admirablement arqués, tranchaient sur le blanc mat d'un front large et haut.

Lorsque je l'ai connu, je n'ai pu voir et admirer que sa belle barbe d'une blancheur éblouissante, comme ses cheveux blancs et soyeux. Cette blancheur rendait plus expressif encore le regard de ses beaux yeux noirs. Pauvre père! il y a longtemps déjà qu'il repose sous la froide terre! mais il ne se passe pas un jour que je ne contemple son image et n'admire sa noble tête; il ne se passe pas un jour que je ne recommande son âme à Dieu! devoir triste et doux pour une enfant qu'il a tant aimée!

Dans les derniers mois qui précédèrent

notre départ, nous allions souvent, vers le soir, faire ensemble un tour de promenade. Nous passions par le *Perejil;* c'est un endroit de Cadix que mon père aimait d'autant plus qu'il l'avait vu planter; il me disait que tous ces beaux arbres, il les avait vus si petits que toute la promenade ressemblait vraiment à un champ de persil (*Perejil*). Parfois nous allions aussi du côté du port, et il se plaisait à me faire remarquer la jolie forme ou les défauts des navires qui se trouvaient là. Un jour il en vit un qui lui plût tellement que son choix fut fait et sa décision prise immédiatement. Il voulut, dès lors, faire la traversée à bord de la *Maria Fidela*, qui partait à destination des Philippines, et comme il était allé un peu auparavant accompagner des amis qui s'embarquaient sur la *Encarnacion* pour la même destination, il paria même que le premier distancerait le second, quoique celui-ci partît quinze jours plus tôt.

II

DE CADIX A MANILLE

Embarquement. — Mes réflexions dans ma cabine. — Désirs réalisés. — L'idée de mon père. — *La Maria Fidela*. — Ma compagne. — Chansons et guitare. — La nuit à bord. — Une attaque. — Bon chien et pauvre matelot. — Tempête. — Un monsieur bille de billard. — Blanche apparition· — Terre! terre! — Combat terrible d'un tigre et d'un éléphant. — Anger de Java. — Les Philippines. — 20 jours à Manille. — Proposition originale. — *Senorrita V es mocho bonita!*

Lors de notre départ j'avais douze ans à peine; mais, par suite de l'éducation sérieuse que j'avais reçue et après bien des malheurs de famille dont j'avais ressenti le contre-coup, j'étais plus formée et plus intelligente qu'on ne l'est ordinairement à cet âge. Nous fîmes

nos préparatifs de voyage, et, peu de temps
après, nous nous balancions sur le pont du
joli navire la *Maria Fidela*, qui déployait ses
voiles pour la première fois depuis sa coustruc-
tion, pour commencer un des plus longs et
des plus pénibles voyages.

C'était vers la fin de 1869. Oh! combien ce
jour est présent à ma mémoire! Malgré tout
le temps qui s'est écoulé depuis, comme les
moindres petites circonstances sont présentes
à mon esprit! Je me rappelle que, sans pouvoir
me rendre compte de l'émotion qui faisait
battre si fort mon cœur, je m'échappai de la
foule des passagers qui se pressaient sur le
pont, causant, riant, et que je demandai à mon
père la permision des me retirer, en prétex-
tant la fatigue. Je m'assis sur la couchette
de ma cabine et, passant la tête par le sabord,
je me laissai aller à toutes mes réflexions et
surtout à la contemplation de ma chère patrie,
que je ne devais plus revoir! Le ciel était si
beau! d'un bleu profond et pur, comme il est
généralement dans ces charmantes contrées;

ce soir-là, il me semblait plus beau que jamais ; la ville s'endormait tranquille, sous les doux baisers de la brise et les caresses de la mer murmurante, et sa ceinture de rochers paraissait l'entourer pour la défendre et la protéger.

La nuit tombait, l'air était tiède et parfumé, le calme et le plus grand silence nous entouraient ; tout me portait à la prière et au recueillement. Je me sentais bien triste, et comment ne pas l'être au moment de ce départ qui me séparait peut-être pour toujours de tant d'objets que mon cœur aimait ? Je laissais mon pays, l'église où pour la première fois j'avais prié Dieu, les lieux où mon cœur s'était ouvert à l'amour du Créateur, de la famille et de la patrie ; je laissais l'hôtel où j'avais passé les jours tantôt amers et tantôt joyeux de mon enfance ; je laissais tous les souvenirs les plus chers de ma vie, et je n'emportais que la tristesse de la séparation de tout et la profonde douleur de mon pauvre petit cœur de douze ans !

La destinée des hommes est un grand mystère, car s'ils peuvent montrer le lieu où ils ont poussé leurs premiers soupirs, ils ne peuvent dire ni même deviner sous quel ciel ils feront entendre leurs dernières plaintes, ni le pays où leurs yeux verront pour la dernière fois la lumière du soleil, ni la terre qui recouvrira leurs dernières dépouilles.

Et dans la solitude de cette cabine de navire qui allait devenir pour moi une prison, mes souvenirs d'enfant passaient les uns après les autres devant mon âme, comme des visions ou des rêves charmants. Dans cet état, je revoyais la plage où j'allais me baigner, les arbres et les ombrages sous lesquels je me livrais aux jeux innocents de mon âge, les fontaines qui me donnaient à boire de leur eau douce et limpide et réjouissaient mes oreilles de leur frais murmure, la douce et matinale tourterelle qui soupirait sous ma fenêtre, les petits oiseaux à qui je donnais à manger tous les jours, le chat noir aux yeux verts qui dormait sur le sommet du toit du pigeonnier, le petit chien qui me consolait quand je

pleurais, la brise du matin qui agitait les longues boucles de mes cheveux, lorsque de
bonne heure je descendais dans les jardins...
Tout, tout, je regrettais tout, et je regardais tout avec tendresse et amour, et il me
semblait que j'entendais une voix lointaine,
mélancoliqne et triste, qui me disait sans
cesse : Adieu, adieu pour toujours!

Alors, mes yeux se remplirent de larmes,
et, épuisée par l'émotion et la fatigue, je
finis, comme tous les enfants, par m'endormir
du plus profond sommeil; le lendemain, quand
je m'éveillai, je voulus regarder encore une
fois ma belle Cadix; hélas! tout avait disparu,
et je ne pus voir que le ciel et la mer, qui
semblaient se confondre à l'horizon.

Je frémis à la pensée d'aller voir des pays
sauvages et inconnus, et alors un autre souvenir vint s'offrir clairement à ma mémoire.
En effet, je me revoyais aux jours où, pendant
une longue convalescence, j'allais me reposer
sous le feuillage vert et touffu d'une ravissante
charmille d'orangers, d'héliotropes et de jas-

mins; là dans le silence, loin du bruit, mon imagination voyageait, et parfois je me trouvais dans un pays bien différent du mien, où j'étais forcée de parler plusieurs langues; parfois, je voyais au loin la mer; il me semblait que j'étais dans un navire et que le vent m'emportait avec une extrême rapidité. Ceci m'arrivait souvent, et j'éprouvais un si grand charme que je faisais tout mon possible pour profiter d'un moment afin d'aller *penser*; c'est le nom que je donnais à ces rêveries dont je ne cherchais pas la cause alors : elle était dans cette grande maladie que je fis quelques années avant mon départ; je fus arrachée à la mort, mais, le péril passé, je restai longtemps convalescente et rêveuse; mon imagination malade voyageait sans cesse, et quand, de retour à la maison, on me demandait ce que j'avais fait au jardin, je répondais invariablement : je suis allée *penser*. On avait alors pitié de moi et on se répétait : Ne la contrarions pas, elle est encore malade.

Le jour où je ne vis plus rien autour de

moi de tout ce que j'avais aimé jusque-là, et
où je me sentis emportée sur les ailes, du
vent vers des contrées inconnues, toutes ces
rêveries s'offrirent à ma mémoire avec une
force et une netteté extraordinaires, et je me
disais, presque étonnée : Voilà mes *pensées*
maintenant réalisées !...

Qu'avais-je à faire désormais ? Ce fut la
question que je me posai à moi-même. Mon
père, que je ne devais plus quitter, était déjà
âgé ; sa santé était débile, mais il était possédé d'une passion qui le dominait au point de
lui faire sacrifier son repos, sa santé et même
sa vie : c'était l'amour des voyages, qui lui
faisait entreprendre ce long parcours. Certes !
il eût été beaucoup plus simple d'aller en
Cochinchine par la voie de Suez ; il se décida
néanmoins à faire le tour de l'Afrique par le
cap de Bonne-Espérance et à passer par l'île
de Java pour arriver ainsi aux Philippines,
gagner Hong-Kong, voir Macao et prendre le
paquebot qui revenait en Europe pour aller à
Saïgon. Cet itinéraire le ravissait ; six mois

au moins de voyage à travers des mers qu'il ne connaissait pas, mais qui pourtant étaient réputées dangereuses, voilà quel était le bonheur pour lui; il adorait la mer, c'était là sa grande passion!

Il me fallait donc chasser ces tristes idées, la petite fille devait devenir intrépide, courageuse, résignée, avoir une grande force de volonté et une grande énergie. Sans bien analyser toutes ces choses, je me rendais compte pourtant de tout ce dont j'avais besoin et je me sentais aussi disposée à supporter ma nouvelle vie que je l'eusse pu désirer; puis, par moments, j'avais peur de voir mon père succomber à la suite de ses infirmités, et je me voyais alors seule et abandonnée dans des pays inconnus, sans parents, sans famille, sans amis, sans personne au monde, seule!... Un frisson parcourut tout mon être; mais cela ne dura pas longtemps, car la pensée de Dieu vint de suite à mon esprit; alors, tombant à genoux, je fis une longue prière, dans laquelle je me recommandai à sa pateruelle providence; je priai aussi la Vierge Marie de vouloir bien se souvenir que ma bonne Francisca m'avait mise sous sa protection et m'avait dit : Dans toutes tes peines, dans tous tes chagrins, rappelle-toi, ô mon enfant, que tu as une mère qui ne t'abandonnera jamais, tant que tu seras digne d'elle, Je me relevai plus forte que jamais, résolue et prête à tout.

Notre bateau paraissait bon marcheur, sa forme du moins le faisait présumer; il portait un nom charmant et avait jolie tournure; un peu petit et frêle pourtant pour avoir la hardiesse de s'engager dans une route aussi longue; hélas! à son troisième voyage il périt corps et biens dans les parages du Cap, comme tant d'autres avant lui!

Nous étions à bord deux cents tout au plus, y compris l'équipage, la troupe et tous les passagers. Les premiers jours, il me fut impossible de sortir de ma chambrette, car j'avais le mal de mer dans toute sa force; quand je fus suffisamment aguerrie, je ne tardai pas à faire connaissance avec ma voisine de cabine, dame d'une quarantaine d'années, mère de deux petits enfants. C'était la femme d'un colonel de l'armée espagnole, qui s'était rendu à Manille quelque temps auparavant. Sur le bateau il n'y avait ou paraissait y avoir que deux femmes, cette dame et moi.

Ma pauvre voisine possédait un caractère d'une nature triste et morose; ayant passé toute sa vie dans les montagnes de Sierra-Morena, on peut juger de l'effet que cette traversée pouvait produire sur tout son être. C'était un bouleversement complet.

La nourriture du bord était des plus détestables; tout le monde s'en plaignait, et il fallait que cela fût bien vrai, car il y a peu de gens qui soient aussi sobres et prennent aussi peu de soin de leur nourriture que les Espagnols.

Ma voisine éprouvait un très grand besoin de se plaindre, et comme il n'y avait que moi auprès d'elle, j'étais forcée, par charité et par compassion, d'entendre continuellement ses plaintes, de lui donner du courage et d'amuser ses petits enfants. Malgré tout ce que je faisais, je ne parvenais pas à la distraire et elle continuait toujours à se croire la plus malheureuse des femmes; pauvre dame! elle ne prévoyait pas les souffrances bien plus cruelles par lesquelles elle devait passer!

Le premier mois de navigation ne fut pas trop mauvais, quoique nous ne vîmes jamais la terre pendant ce temps-là. Lorsque le soleil était trop ardent pour qu'on pût se tenir debout sur le pont, où nulle tente n'avait été établie et où rien ne nous garantissait contre ses brûlants rayons, nous allions dans le salon; on y prenait les repas et on pouvait s'y réunir si le roulis et le tangage le permettaient; puis, le soir, quand le soleil commençait à descendre vers les profondeurs de l'Océan, nous montions sur la dunette pour respirer l'air plus frais, après lequel nous soupirions si ardemment pendant les ardeurs du jour, et la gaieté et l'entrain de mes compatriotes reprenant le dessus, les jeunes gens chantaient des chansons de leur pays natal, des *sérénades* et des *boléros,* en s'accompagnant de la guitare nationale. J'éprouvais un très grand plaisir à entendre ces sons harmonieux, auxquels le murmure du vent et le léger bruit des vagues donnaient un mystérieux cachet; ces chants un peu mélancoliques, lancés dans l'espace infini, élevaient l'âme vers d'autres mondes et d'autres régions que celles d'ici-bas.

La nuit tombait de plus en plus. La lune se levait et paraissait comme une montagne de feu entre le ciel et l'immense nappe des eaux; peu à peu, avec une extrême majesté, on la voyait monter, s'élever au-dessus de la mer et éclairer de ces douces lueurs toute cette intensité. Ajoutez à cela un ciel sans nuages, tout constellé d'étoiles, un bleu d'azur intense et profond Si vous baissez les yeux, autre ravissant spectacle : le navire semble fendre les eaux, et de chaque côté sur ses flancs vous voyez, au milieu de l'écume blanche qui tranche si bien sur la couleur sombre de la mer, une foule de petites lumières phosphorescentes, qui produisent une singulière illusion. On dirait vraiment sur une large étoffe de satin de couleur sombre un amas de tulle et de dentelle qu'une fée aurait parsemé çà et là de diamants et de pierreries, du bout de sa baguette magique.

Je ne perdais pas mon temps en contemplant ces merveilles, car mon père, qui était fort savant et s'était chargé de mon éducation, en dehors de mes livres et de mes leçons, savait profiter habilement du grand spectacle offert par la nature pour mieux impressionner mon imagination; aussi m'apprenait-il une foule de choses, que sans les scènes magnifiques auxquelles j'assistais, il m'eût été impossible de comprendre à mon âge.

Telle était notre vie à bord, telles étaient nos occupations et nos loisirs, sauf les jours de fêtes et de dimanches où nous allions le matin entendre la messe; nous avions avec nous deux missionnaires des Philippines, et le commandant du navire avait mis à leur disposition une cabine qu'on transformait en chapelle quand le moment était venu pour cela. La messe à bord! quel auguste spectacle! et surtout quel temple merveilleux que celui qui a pour voûte l'immense coupole du firmament, pour parvis les vagues mobiles de l'Océan et pour orchestre la musique des flots et la voix de la grande mer aux profonds abîmes.

Un jour nous avions admiré, non sans quelque inquiétude, le coucher du soleil qui était d'un rouge sanglant et les nuages qui s'amoncelaient et semblaient prendre feu; on eût dit un vaste incendie; ce soir-là nous étions envahis par la tristesse, car tout faisait prévoir une tempête prochaine et nous nous étions retirés de bonne heure dans nos cabines. Tout à coup nous fûmes tous réveillés par des cris d'alarme, des coups de feu, des hurlements, des soupirs et des gémissements.

Mon père prit ses armes et, avant de sortir de la cabine : « Mon enfant, me dit-il, comme il est probable que tout ce vacarme est causé par les pirates ou les sauvages des îles qui ne sont pas loin d'ici, si tu ne me voyais pas revenir, et si tu tombais au pouvoir de l'ennemi, sans espoir de lui échapper, voici une arme pour toi, un révolver; promets-moi de t'en servir pour te défendre, car la mort qu'ils te réserveraient serait peut-être terrible ! » Je pris ce révolver avec fermeté et je promis à mon père de faire ce qu'il me commandait. Il partit; je restai seule et j'entendis distinctement le tumulte qui devenait de plus en plus fort, et la lutte de nos compagnons contre l'ennemi. Que faire dans ces tristes conjectures? Je ne savais; mais instinctivement je m'agenouillai encore et je priai Dieu et sa sainte Mère de nous sauver.

Cependant on voyait que les pirates l'emportaient sur les gens du bord et, à en juger par leurs cris de triomphe, on était tenté de croire qu'ils avaient la victoire : je tremblais et je craignais pour les jours de mon pauvre père et de nos amis. Cela dura une heure ou peut-être une demi-heure seulement, je ne m'en souviens plus; mon Dieu! mon Dieu! quelles souffrances j'endurais! je priais toujours néanmoins avec foi, avec force, avec espoir. Subitement, j'entends un coup de tonnerre qui fait tressaillir le navire tout entier; ce coup est suivi de plusieurs autres, puis les vagues semblent jouer avec notre bateau, le ramènent et le rejettent avec une telle force qu'il m'est impossible de me tenir à genoux, ni debout, ni d'aucune manière, si ce n'est accrochée à une barre de fer qui se trouvait à ma portée, et, prêtant l'oreille, voici que je n'entends plus rien que le roulement des vagues et le gémissement de l'ouragan. Qu'étaient donc devenus mon pauvre père et nos compagnons? Enfin! au bout d'un moment qui me sembla un siècle, je vis arriver mon père; il me prit entre ses bras et, m'ayant embrassée, il me coucha, et pour que je ne roulasse pas, il m'attacha solidement sur ma couchette et me dit : « Rassure-toi, mon enfant, la tempête a fait fuir ces vilains pirates, et maintenant il ne nous reste plus qu'à lutter contre les éléments. »

Je me suis demandé souvent depuis dans quels parages nous avions essuyé cette attaque; il m'a été impossible de le retenir. C'était probablement un peu avant d'arriver au Cap : c'est à peu près vers la même époque aussi que nous entrevîmes l'île Sainte-Hélène, un rocher dépourvu de toute végétation, battu par les vagues au milieu de l'Océan, rocher célèbre par la captivité et la mort du grand empereur.

Le roulis était fort, la mer effrayante ; nous restâmes dans cette situation plus de dix jours, pendant lesquels il nous fut impossible de prendre le moindre repas et, pour ne pas mourir de faim, nous mangions du biscuit moisi et des figues presque pourries.

D'un autre côté, nous étions tous renfermés dans nos cabines, remplies naturellement d'un air fétide et nauséabond, et il nous était

défendu de monter sur le pont, où du reste
on eût été bien vite emporté au large et
englouti dans la mer pour toujours.

Pendant la tempête, nous eûmes deux mâts
cassés, le gouvernail presque brisé et la coque
du navire très endommagée. Plusieurs matelots furent victimes de leur courage, et on **ne**
put les sauver; un d'entre eux tomba d'une
grande hauteur et se cassa la jambe; la mer
à ce moment n'était plus aussi mauvaise,
mais la tempête n'avait pas pris fin; le docteur fut forcé de monter sur le pont pour
donner ses soins au blessé. Ce docteur avait
un chien d'une rare beauté; c'était un terre-
neuve fidèle et dévoué, comme le sont toutes
les bêtes de son espèce; il ne quittait jamais
son maître; pendant que celui-ci était penché
sur le pauvre matelot, une vague balayant le
pont enleva du même coup le médecin et son
malade. Le chien se jeta aussitôt à la mer
et parvint à saisir son maître par le col de
son pardessus et à le maintenir au-dessus de
l'eau, jusqu'à ce qu'on vînt à leur secours en

leur jetant des cordages et des bouées ; quant
au blessé, à demi-mort déjà, il ne put se défendre
contre les lames furieuses et fut englouti.

Le vent rugissait toujours ; les mâts qui
nous restaient avaient ramassé toutes leurs
voiles et la multitude des cordages qui tombaient des vergues faisait penser à une
femme en pleurs, les cheveux épars et les
bras tendus pour implorer pitié et miséri-
corde. De noirs nuages couvraient le ciel,
le tonnerre semblait répondre au mugissement
de la mer qui s'élançait à des hauteurs verti-
gineuses comme pour provoquer la foudre ou
pour arracher au ciel ses étoiles. L'horizon
est l'espoir et la consolation des navigateurs,
parce qu'il attire les yeux vers le but du
voyage, vers le rivage désiré ; il avait disparu, le bâtiment était emprisonné sous
d'épaisses ténèbres et dans des murailles
d'eau extrêmement élevées mais mobiles,
qui le lançaient et le rejetaient tour à tour,
comme des enfants qui lancent et rejettent le
ballon qui sert à leurs jeux.

Dieu ait pitié de nous! criait une pauvre femme qui se mourait de peur et d'épouvante et que le mal de mer accablait; et personne ne répondait à ses gémissements. Dans cette étroite cabine, on voyait aussi deux pauvres petits êtres qui mouraient, eux, de faim, de fatigue et de manque de soins; leur mère était presque sans connaissance. J'entendais tout, mais il m'était impossible d'aller à son secours, attachée comme j'étais à ma couchette. Enfin, ne pouvant supporter les plaintes de mon infortunée voisine, je pris la résolution de couper mes liens et de courir vers son lit; j'y parvins, mais, en sortant de chez moi, je fus témoin d'une scène à la fois comique et lamentable.

Il y avait à bord un monsieur qui se rendait aux Philippines en qualité de trésorier-payeur; ce monsieur était afffigé d'un embonpoint prodigieux : il était aussi peureux qu'il était gros, et, de crainte qu'il ne lui arrivât malheur, il s'était fait lier sur un fauteuil indien immense comme sa personne;

je vois encore ce meuble, dont le pied était contourné comme la coquille d'un colimaçon gigantesque. Bref, le gros monsieur, après s'être fait lier sur son meuble, avait ordonné de plus qu'on l'attachât à l'appui en cuivre qui faisait tout le tour du salon ; mais comme le roulis avait continué de plus en plus fort et que le poids du trésorier-payeur devait être excessif, la corde qui retenait son fauteuil à l'appui s'était rompue, et, pour comble de malheur, celle qui le fixait lui-même au fauteuil était restée intacte et solide. Il en résultait que le malheureux allait, venait, roulait à travers le salon au gré du roulis, comme une bille de billard ; il avait beau se débattre, il était ficelé et maintenu ; on peut juger de son affreux supplice.

Moi-même qui désirais rejoindre ma voisine pour la soulager, je pouvais à peine faire un mouvement, et j'étais obligée de me cramponner à l'appui de cuivre pour ne pas être précipitée, tête baissée, sur les planches du parquet. Enfin, Dieu voulut qu'une personne que je pris en ce moment pour une apparition céleste, pour un ange, à cause de sa blanche tunique, de son pâle visage et de la légèreté de sa démarche, s'approchât de nous, au risque d'être jetée par terre, brisée et contusionnée. Elle détacha ou coupa les liens du pauvre martyr avec une adresse surprenante. Je me demandai quelle pouvait être cette créature qui apparaissait ainsi au milieu des ténèbres, et qui, pendant les beaux jours, où tous les passagers se réunissaient pour se distraire, ne s'était jamais montrée. Ma surprise et mon contentement augmentèrent quand, après avoir aidé le trésorier à se mettre au lit, je la vis entrer daus la chambre de ma voisine. Je la suivis et, entrant avec elle, je m'offris à faire tout ce qu'elle me commanderait. A nous deux, nous mîmes en ordre cette triste demeure, où il ne restait plus, hélas ! que la mère et un seul enfant ; l'autre était déjà parti pour le ciel, où il priait pour nous.

A force de soins et en administrant un

cordial à la mère et à l'enfant, nous parvînmes à les ranimer. Comment dépeindre les paroles touchantes que cette sainte disait à cette mère désolée ? Comment décrire le silencieux courage, la tranquillité de ce visage pâle et résigné à la volonté d'en haut ? Tels sont les miracles de la charité chrétienne, telle est la religieuse catholique.

Lorsque le jour vint, nous étions près des montagnes de Batavia; quoiqu'on ne les vît pas, nous nous en apercevions à l'état de la mer, qui était devenue calme, tranquille et unie comme une glace. Le brouillard s'était dissipé, et le vent, qui nous avait fait tant de mal, nous balançait mollement à cette heure et semblait nous caresser. Les charpentiers et les matelots profitaient du calme pour réparer les dégats occasionnés par la tempête; le temps nous rendit la force et le courage ; on put faire la cuisine et nous mangeâmes avec bonheur; les choses les plus ordinaires nous parurent des mets exquis. Nous sentions parfois des bouffées de vent qui nous apportaient des parfums de fleurs et de fruits, des senteurs exquises, ce qui nous faisait comprendre que la terre tant désirée n'était pas loin ; nous en étions privés depuis trois longs mois et nous avions hâte de la contempler ; notre impatience était grande. Mais, l'homme propose et Dieu dispose ! le calme devint plat, plus un soufle de vent ; ce qui nous forçait à demeurer immobiles, sans avancer seulement d'un mille, et voilà qu'après avoir craint les orages et les tempêtes, nous redoutions le beau temps ; le capitaine se désespérait, l'équipage avait l'air consterné, et tout le monde se désolait. Il faudrait avoir goûté les charmes de ces longues navigations à voile d'autrefois pour bien comprendre notre situation. Nous ne riions plus, nous ne chantions plus, et dans tous les esprits il n'y avait plus qu'une idée, il n'y avait plus qu'un désir : voir la terre, voir la terre tant aimée !

Un matin enfin nous eûmes le bonheur d'apercevoir au bord de l'horizon comme un léger nuage d'un gris-bleu ! c'était la terre !

Comme cela tranche sur la monotonie du spectacle quotidien, quand, pendant longtemps, on n'a eu tout alentour de soi qu'une large circonférence, au bord de laquelle on ne voit rien que le ciel et l'océan qui semblent se confondre et nous enfermer dans leur prison ! Nous allons donc pouvoir descendre du bateau, fouler le sol aux pieds et nous promener à l'aise ! Les choses se dessinent de plus en plus nettement : d'abord c'est la forme d'une montagne, puis des vallées, puis des arbres, puis des fleurs, puis tout ce que l'on peut voir, des oiseaux, des animaux de toute espèce.

Cette première terre que nous contemplions avec tant de bonheur et où nous devions nous reposer pendant quelques jours, c'était l'île de Java, dans la Malaisie, possession hollandaise. Nous voyions les magnifiques montagnes de cette île sans pareille pour la fertilité, l'éclat et l'abondance de la végétation ; nous longions depuis quelques jours la côte ; tantôt nous avions le rivage tout près de nous, tantôt plus loin. Quand le vent nous poussait un peu plus près, je respirais avec force la suave odeur des fleurs, des fruits et des plantes sauvages, j'écoutais avec ravissement les chants de mille petits oiseaux, et j'admirais les riches couleurs du joli plumage qu'ils déployaient aux rayons du soleil; je baignais ma tête dans cet air pur et vivifiant, et tout me semblait d'autant plus beau que depuis bien longtemps j'avais été privée de tout plaisir et que j'avais même, je puis le dire, vu la mort de près; je me sentais renaître à la vie; à cet âge les peines et les souffrances sont si vite oubliées! Je ne pensais donc plus à l'avenir et je me laissais aller avec ivresse aux douces émotions procurées par le spectacle d'une belle nature. Penchée sur les bastingages du navire, je regardais l'eau transparente. Une fois je vis quelque chose qui s'agitait le long du bord : c'était un petit poisson et un serpent minuscule qui jouaient ensemble; le premier essayait d'enlacer le second et celui-ci échappait toujours avec une grande habileté;

puis il revenait mordre la queue du serpent ;
le jeu prit fin d'une façon bien triste ; un
grand oiseau de proie, qui planait depuis
quelque temps dans les airs, s'abattit soudain
sur l'eau, y plongea et ressortit bientôt,
emportant dans son bec les deux intéressants
lutteurs.

Une autre fois, je fus tirée tout à coup de
mes rêveries par un rugissement et par des
pas précipités et un grand bruit sur le pont.
Je m'aperçus alors que tous mes compagnons
regardaient avidement un point de la côte :
je m'approchai à mon tour et je pus assister à
une chose terrible. Un tigre royal et un
éléphant de toute beauté venaient d'engager
un formidable duel : par moment le tigre se
cachait et se baissait vers le sol comme pour
se dérober ; d'autres fois il s'élançait avec toute
la rapidité et la souplesse de ses gracieux
mouvements ; l'éléphant au contraire attendait,
sans presque bouger, et s'efforçait de recevoir
son adversaire sur ses défenses longues et
blanches. Qu'on juge de l'intérêt que nous

apportions à ce spectacle ! Parmi nous, les uns pariaient pour le tigre, les autres pour l'éléphant; depuis quelques minutes, les chances paraissaient égales et par bonheur, grâce au calme, nous n'avancions presque pas et nous étions à l'aise pour voir. L'éléphant fit un mouvement imprudent; le tigre sauta sur lui et lui arracha avec rage une partie de la cuisse, l'énorme animal se redressa aussitôt d'un geste superbe sans pousser un cri, et comme son ennemi, rendu fou par la vue du sang, se précipitait de nouveau, il le reçut sur ses défenses, le rejeta au loin d'un mouvement de tête, puis le reprit avec sa trompe et, l'étouffant, il lui écrasa la tête avec ses pieds de devant.

Quelles nuits délicieuses j'ai pu passer près des montagnes de Batavia! Bercée par une mer unie et transparente, rafraîchie par une brise douce et parfumée, récréée par les concerts et les susurrements d'une multitude d'insectes brillants, éclairée par les doux rayons de la lune et les splendides constellations du sud, que de fois je suis restée sur le pont, seule à admirer, à jouir, à prier! La nature à demi endormie louait le Créateur dans le mystère de ses nuits, et j'étais bien heureuse d'unir ma voix enfantine à la grande voix de l'univers.

De même, chaque matin, à l'aurore, je manquais rarement d'assister au réveil de cette belle et riche nature, et je ne me possédais plus quand je sentais les forêts océaniennes dégager leurs parfums, quand j'entendais les oiseaux lancer leurs premières chansons, quand je voyais le grand soleil de Dieu faire luire son premier rayon! Tout se réveillait, s'animait, souriait ; tout était mouvement, vie et joie. Le Créateur a tout disposé merveilleusement et il a pourvu aux besoins de tous ces animaux si divers que je voyais glisser et passer dans l'herbe ou sous les lianes, depuis le plus petit et le plus inoffensif insecte jusqu'à l'indomptable bête fauve, et j'aimais à penser que la même source limpide servait à désaltérer à la fois les divins

musiciens des bois et les terribles animaux
dont la gueule brûlante et lesyeux flam-
boyants paraissent toujours prêts à dévorer une
proie. Je me disais combien la bonté de Dieu
est grande, sa justice parfaite, sa prévoyance
paternelle, et je le louais avec mon cœur, mon
esprit, ma voix, comme j'aime encore aujour-
d'hui à le faire avec ma plume, inhabile pourtant à redire tout ce que je sens et tout ce
que j'ai vu !

Nous jetâmes l'ancre au milieu des cris de
joie universels dans la jolie baie d'Angor, et
mon père et moi nous nous occupâmes immédiatement à chercher une pirogue convenable
pour aller à terre. Depuis que nous étions au
mouillage, une foule d'indigènes nous arrivaient chargés de bananes, d'ananas et de
diverses productions du pays ; au milieu de
tout cet encombrement, ce ne fut pas sans peine
que nous pûmes gagner le rivage et trouver
à nous loger dans un hôtel voisin ; le crépuscule, toujours très court sous les tropiques,
venait de faire place à lanuit. Les Malais mar-

chands et pêcheurs, débarquèrent, bientôt à leur tour, plièrent leurs voiles, tirèrent leurs pirogues sur la plage et s'en allèrent vers leurs cabanes.

Le lendemain, vers dix heures, on nous servit le déjeuner. Je ne pourrais pas énumérer tous les mets exotiques dont il fut composé, mais je me rappelle qu'il y avait sur la table beaucoup de fruits de toutes sortes, étranges d'aspect, délicieux au goût. Après le déjeuner mon père m'emmena avec lui, et nous allâmes faire une promenade. Nous n'avions pas marché un quart d'heure que nous rencontrions le gouverneur d'Anger, un monsieur d'une distinction parfaite, lequel, voyant la broderie d'or qui ornait la casquette de mon père, vint au-devant de nous et, après les premières salutations, lorsqu'il sut qu'il avait affaire à un consul général d'Espagne, nous fit toutes sortes d'offres aimables. Ce personnage et mon père allèrent s'asseoir sous le feuillage touffu des arbres, et j'en profitai pour courir et jouer aux environs; il y avait si longtemps que j'avais été privée de ce plaisir! Mais aussitôt je fus suivie par une foule d'indigènes; ils m'entouraient avec des cris de joie, ils m'embrassaient et, malgré la répugnance que je leur témoignais, je ne pouvait parvenir à me débarrasser d'eux.

- Ces Malais ont le teint brun très foncé; on les croirait de bronze; ils ont les cheveux longs et très noirs, le nez gros et plat, les yeux grands et très brillants; ils sont robustes, nerveux, bien faits; leur costume est une longue pièce d'étoffe à carreaux de couleur vive : leur caractère est doux, familier, leur langue sonore. Peu à peu, quand j'eus examiné tout cela, je finis par me familiariser, moi aussi, avec eux; ils étaient on ne peut plus aimables; les uns m'apportaient des fruits, les autres des figurines confectionnées avec des racines d'arbres, d'autres des morceaux de cannes à sucre pour me les faire sucer; ce qui, je l'avoue, me faisait plaisir. Ces pauvres gens poussaient des exclamations et faisaient de grands gestes pour témoigner leur admiration à mon endroit; quelques uns des plus jeunes allèrent me chercher une noix de coco en grimpant sur un arbre très long au panache ondoyant, et l'un d'eux, avec beaucoup d'adresse, arracha avec ses dents une partie de l'écorce par où le liquide pouvait sortir; puis il me présenta le fruit, afin que je pusse boire plus facilement.

Pendant tout ce temps-là mon père, qui avait peur qu'on me volât une seconde fois, me suivait constamment des yeux; il vint peu après me chercher, et ce fut avec peine que je fis mes adieux à ces braves Malais, qui, sans me connaître m'avaient si généreusement comblée de bontés et de prévenances. J'appris que le gouverneur nous offrait d'habiter sa maison pendant les huit ou dix jours que nécessiterait la réparation des avaries de notre *Maria Fidela*, très maltraitée par le gros temps.

Huit jours de mer séparent Anger de Java de Manille, capitale des Philippines. Tous nos compagnons étaient heureux d'être arrivés au terme de leur voyage. Mon père, lui, était plus heureux de voir qu'il avait encore deux bons mois devant lui pour courir par terre et par mer. Nous prîmes néanmoins quelques repos à Manille et descendîmes à l'hôtel. Ici, se place un fait curieux qui arriva dès le premier jour de notre installation, avant même que nous ayons pris une connaissance sommaire de la jolie ville où nous venions d'aborder. Un de nos compagnous, M. de L ., jeune homme très distingué, mais pauvre de fortune, avait fixé son attention sur moi, et comme il avait un jo li avenir, il pensa demander ma main à mon pére ; il consulta d'abord la dame qui avait été ma voisine à bord et à qui j'avais rendu quelques petits services. Cette dame l'encourageant, malgré ma jeunesse, il se présenta un jour devant mon pére et fit sa demande. Mon père refusa nettement et d'une manière qui fit bien de la peine à ce jeune homme ; tous les amis de mon père essayèrent d'ébranler sa volonté, en lui disant que dans tous les cas le mariage n'aurait lieu que dans deux ou trois ans ; mais la réponse fut faite de telle façon qu'elle désespéra tout le monde.

Il arriva ensuite que mon père fit la connaissance d'un Américain des États-Unis, plusieurs fois millionnaire ; ce monsieur était à table à côté de moi ; il ne parlait presque point l'espagnol, et pourtant, comme je ne comprenais pas très bien l'anglais, il s'efforçait de me parler dans ma langue et me répétait à chaque instant et à tout propos avec un accent inimitable : « *Senorrita V. es mucho bonita !* Mademoiselle, vous êtes bien jolie ! » Je prenais tout cela en riant, et à mon tour je le suppliais souvent de me prêter un de ses souliers afin de traverser la mer dans une aussi jolie barque. Je lui disais une foule de choses de ce genre, et il ne se fâchait jamais ; au contraire, il cherchait à me procurer toutes sortes de divertissements. Je prenais toutes ses prévenances en riant et ne ne songeais jamais qu'à m'amuser. Mais un jour cet Américain vint trouver mon père, et

de l'air le plus sérieux lui tint ce langage :
« Monsieur le consul, j'aime follement votre
fille et je viens vous la demander en mariage. »
Mon père ne put retenir une forte envie de
rire et lui répondit : « Êtes-vous fou pour
venir me demander une enfant de douze ans
en mariage, et pouvez-vous supposer que je sois
moi-même assez insensé pour la marier avant
qu'elle-même soit tout à fait raisonnable, et
qu'elle puisse voir et choisir à son goût le
compagnon de sa vie? » Ce monsieur répondit à son tour sans se déconcerter avec fermeté : « Je vais me soumettre à toutes vos
exigences, que je trouve du reste fort justes
et que j'approuve de tout mon cœur; voici
maintenant ce que je viens vous proposer.

« Vous m'avez dit que vous ne marieriez
point votre fille avant l'âge de vingt et un
ans ou vingt-deux ans, parce que vous dési-
rez que son éducation et son instruction, son
esprit et son cœur, soient tout à fait formés;
par là qu'elle connaisse un peu le monde et
puisse choisir elle-même le compagnon de sa

vie; je vois donc qu'il est nécessaire que
j'attende dix ans; j'aurai alors trente-huit ans;
d'ici là j'ai une foule de voyages à faire et
de pays à visiter; je vais profiter de mes
dix ans; mais, dans le courant de la dixième
année j'aurai l'honneur de me présenter chez
vous, soit à Saïgon, soit ailleurs. J'espère
certainement y retrouver encore votre fille
et je l'épouserai. Comme j'ai pensé à tout,
j'ai fait confectionner un coffret dans lequel
j'ai gravé la date d'aujourd'hui et mon nom,
et la date de l'année où je dois me représenter
chez vous. Donnez-moi, s'il vous plait, un coffret analogue et faites-y inscrire votre enga-
gement de votre côté; dans dix ans, jour par
jour, je suis votre homme! » Mon père, que
cette originalité amusait énormément, se
prêta d'assez bonne grâce à tout ce que voulait l'excentrique Américain du Nord, et
l'affaire fut conclue très gravement d'un
côté, très gaiement de l'autre. On le voit, cela
commençait bien.

Nous restâmes une vingtaine de jours aux

Philippines. Manille nous émerveillait; sa nombreuse population, mêlée d'Espagnols, d'indigènes Tagals et de Chinois, ses maisons à *vérandahs*, ses places, ses monuments, ses églises et ses couvents, ses promenades, ses voitures de luxe à quatre ou à six chevaux, tout concourt à en faire une ville de premier ordre, surtout si l'on considère son éloignement de l'Espagne et la rareté forcée des communications avec le continent européen.

Ce que j'ai toujours admiré le plus aux Philippines, peut-être, c'est le zèle, le courage et la constance du clergé espagnol, qui a fini grâce à l'influence du christianisme par civiliser et unir de plus en plus tous les naturels de l'Archipel, autrefois si divisés entre eux avant la conquête. Ils étaient presque tous sauvages, d'un caractère farouche et difficile; maintenant ils sont catholiques fervents et plus fervents peut-être que les catholiques de la mère-patrie!

III

ARRIVÉE A SAÏGON

Blonde Andalouse. — Dix jours à Hong-Kong. — Les palanquins. — Un fromage appétissant. — Saïgon, premier aspect. — Ce que c'est qu'un *malabar*. — *Hôtel de l'Univers* et *châteaux en Espagne*. — Une femme de chambre annamite. — Dégoût de la vie. — Exploits d'un cuisinier. — Un cacatoës.

En quittant Manille, nous prîmes un bateau anglais pour aller à Hong-Kong, ville chinoise devenue possession britannique depuis les traités. A bord se trouvait l'ex-gouverneur des Philippines, qui retournait en Espagne, un commandant appartenant à l'armée et sa jeune femme qui fut pour moi une très agréable société. C'était une Andalouse, comme moi; elle était blonde, quoi qu'on puisse penser de la couleur de nos cheveux andalous, et elle avait des yeux d'un bleu profond, lançant parfois des éclairs comme ceux qui traversent si souvent notre beau ciel azuré, les soirs d'été; mais, ce que j'aimais le plus en elle, c'était sa douceur, sa grâce et son esprit; elle portait toujours une longue robe de mousseline blanche, et en la voyant je pouvais penser à une créature céleste; elle fut tout pour moi pendant cette courte traversée; je m'étais vite attachée à elle, et j'eus beaucoup de peine à la quitter à Hong-Kong.

Cette ville nous apparut un beau matin à la radieuse lumière du soleil levant. Elle est bâtie sur le versant d'une montagne; toutes ses maisons sont groupées en amphithéâtre et entourées de jardins, offrant ainsi au voyageur une vue des plus agréables et des plus pittoresques, vrais nids d'oiseaux suspendus dans les branches d'arbres magnifiques. Nous débarquons, et, une fois à terre, je vois arriver vers nous une foule de Chinois, coiffés d'un large chapeau pointu, et presque dans la tenue de nos premiers parents avant le péché ! Ils apportent des palanquins, se bousculant et se disputant pour nous avoir. J'avoue que je ne tenais pas beaucoup à entrer dans ces petites logettes que l'on appelle palanquins ou chaises à porteurs, d'autant plus qu'il fallait y entrer seule, qu'il n'y avait qu'une place unique, et que je redoutais d'être ainsi abandonnée à ces vilains hommes, au type vulgaire et au costume primitif. Je cédai pourtant aux représentations de mon père ; il le fallait bien ! Le long de la route je fis alors cette remarque que toutes les rues montaient et descendaient avec des pentes très rapides, et je compris la nécessité de ces moyens de tranport.

Nous restâmes dix jours à Hong-Kong ; mon père y fut très occupé et ne put guère me promener : je fus donc presque tout le temps à l'hôtel, renfermée dans ma chambre. Cependant mon père put me conduire un jour à Macao, ville qui appartient aux Portugais et qui est située sur le continent chinois, vis-à-vis de Hong-Kong. Cette ville est belle encore; elle rappelle, par ses rues et ses édifices, l'ancienne splendeur des colonies portugaises, et on y trouve presque tous les fruits de l'Europe, en même temps que ceux du Céleste Empire. Nous y restâmes deux jours.

Mon séjour à Hong-Kong ne fut donc pas très agréable; il l'eût été à coup sûr, pour un gastronome : à l'hôtel on ne nous laissait pas mourir de faim, nous n'avions même pas le temps nécessaire pour la digestion : le matin, à huit heures, premier déjeuner; à onze heures, second déjeuner; à une heure, le *tifine*, comme disait notre domestique chinois; à trois heures le dîner et à neuf heures le souper; il fallait continuellement manger et dormir. Dans ces contrées on fait la sieste, on se couche de bonne heure et on se lève tard.

Quant à ce que nous mangions, je ne pourrais l'énumérer; mais je me souviendrai toute ma vie de ce qui nous arriva un jour à dîner. Il y avait ce soir-là un monsieur français qui mangeait à côté ne nous et qui parlait à mon père de je ne sais quelle affaire concernant son gouvernement, lorsque tout à coup une odeur infecte vint désagréablement affecter notre odorat. Nous cherchions la cause de ce phénomène, qnand un *boy* chinois nous présenta une boîte en fer-blanc remplie d'un liquide gris-verdâtre dans lequel nageaient et pullulaient une multitude de petits vers blancs : c'était du fromage d'Europe, du fromage exquis. L'odeur en était tellement forte que le monsieur francais, malgré tout son courage, fut forcé de se retirer, en dépit de la politique et des affaires, et nous-mêmes nous rentrâmes à pas de géants dans nos appartements, pour donner libre cours à une indisposition qui, heureusement, fut de courte durée.

Quelques jours après, nous nous embarquâmes à bord d'un paquebot des *Messageries impériales;* à cette époque ces beaux **navires** portaient encore ce nom-là; mais comme il n'y a rien d'éternel sur cette terre et particulièrement dans le charmant pays de France, où l'on aime le changement et tout ce qui est nouveau plus que partout ailleurs, les navires portent maintenant le nom de *Messageries maritimes;* c'est peut-être un nom plus convenable que l'autre et qui dit mieux à l'oreille des marins; dans tous les cas il est l'indice d'un changement de régime, et il a marqué, pour la petite Florinda, perdue aux extrémités de l'extrême Orient, la chute du deuxième empire français.

Le navire avait nom l'*Iraouaddy;* cent trente mètres de long, installation superbe; il nous amena en quelques jours à Saïgon, le but de notre voyage, la ville que nous cherchions depuis si longtemps. J'avoue que j'eus une grande joie en apercevant le cap Saint-Jacques et les jolies montagnes environnantes, couvertes de la plus belle végétation; nous naviguions dans le milieu de la rivière sur laquelle la ville est bâtie un peu plus loin, et je regardais les deux rives avec curiosité : les palétuviers, les cocotiers, les bananiers, les paillotes misérables qui abritaient les indigènes, et les grandes forêts où les lianes et le feuillage formaient un fouillis inextricable; je pouvais voir tout cela d'autant mieux que la machine ralentissait sa marche de plus en plus, à cause d'un banc de corail qui se cache sous les eaux à l'entrée de la rivière et qui pourrait être dangereux si l'on n'y prenait garde. Les indigènes prétendent que ce banc est dû à un prince qui le fit établir là pour défendre l'entrée de la ville.

De grands et beaux navires, portant tous les pavillons, nous croisaient à chaque instant ainsi que des canots montés, par des Européens ou des barques annamites de construction plus primitive; la vue du fleuve, le spectacle de cette belle nature, les cris des matelots, le chant des oiseaux, tout cela formait un tableau vivant, animé, ensoleillé, lumineux, qui me plut beaucoup. Aussi je rêvais déjà et j'entre-

voyais un pays des plus agréables. Je pensais
encore à la jolie habitation qui devait être le
consulat d'Espagne, je me promettais bien de
veiller à la culture du beau parc qui l'envi-
ronnait sans aucun doute; je me réjouissais
des soins à donner aux plantes, aux fleurs,
aux animaux domestiques, car j'étais bien
persuadée à l'avance que tout cela devait être
en parfait état et bien digne de représenter
convenablement ma noble patrie.

J'avais hâte d'arriver; vers une heure de
l'après-midi, nous mouillâmes, et une petite
embarcation nous conduisit aussitôt à terre.
Là, au milieu de la foule grouillante et gue-
nilleuse des portefaix, mon père s'enquit d'une
voiture, qu'il put heureusement trouver aussitôt. A Saïgon, on appelle ces voitures des
malabars, probablement parce qu'elles sont
conduites par des Indous du Malabar; quoi
qu'il en soit, nous entrâmes dans ce véhicule
d'une espèce toute particulière, après avoir
dit au cocher de nous conduire au consulat
d'Espagne. Pendant que nous marchions, je

regardais le *malabar* et ne pouvais m'empêcher d'être fort étonnée : l'intérieur ressemblait
à une boîte carrée, dans laquelle on aurait
pratiqué quatre ouvertures ou fenêtres ; les
coussins étaient faits de nattes grossières et
remplis, à défauts de noyaux de pêche, de
noyaux d'un fruit quelconque du pays, ou
simplement de cailloux ; les ressorts de cette
voiture, si par hasard elle en avait, à coup
sûr ne venaient pas de chez Binder ; car, malgré le pas lent de notre paisible et chétive
Rossinante, nous sautions comme si nous eus-
sions été à cheval et au trot.

Impossible de dire un mot, car toutes les
fenêtres, les roues, les coussins et les planches
faisaient un tapage assourdissant et pire que
celui qu'on entend à bordd'un navire pendant
un grain. Et pour que tout fût à l'avenant,
notre cocher n'avait pour toute livrée qu'un
morceau d'étoffe à carreaux rouges et blancs,
disposé de manière à cacher l'indispensable ;
le reste du corps, il l'avait frotté d'une
huile provenant de je ne sais quelle plante,

et qui, aux rayons du soleil, le faisait reluire comme du jais ; l'odeur en était tellement forte que j'eus très peur un moment d'avoir le mal de mer, comme aux beaux jours de nos tempêtes dans les parages du Cap.

A notre grand étonnement, notre cocher s'arrêta tout à coup à la porte d'un hôtel appelé *Hôtel de l'Univers*; nous descendîmes, et mon père demanda si vraiment c'était là qu'était établi le consulat d'Espagne; on lui répondit affirmativement, et un domestique chinois nous mena dans l'appartement du consul. Il fallut attendre ; tout le monde en ce moment était plongé dans les douceurs de la sieste, le repos sacré de l'après-midi, dans les pays chauds; on alla pourtant prévenir M. de Ozores de notre arrivée.

Quelques minutes plus tard, il s'avança vers nous, vêtu d'une *moresque*, vêtement composé d'un large pantalon et d'un immense paletot en étoffe très légère, vraie tenue de chambre à coucher; je m'aperçus alors que je n'étais plus en Europe, que l'étiquette était souvent une lettre morte, et qu'en un mot, dans l'extrême Orient, on se mettait à son aise, même quand il fallait se présenter devant les dames. M. de Ozores était un homme d'environ cinquante ans, de taille moyenne; il avait les cheveux gris et abondants, de très beaux yeux, de magnifiques sourcils et des traits très réguliers; ce qui faisait voir, malgré le négligé de son costume, qu'il avait dû être très bien dans son temps.

Ce pauvre monsieur était encore à moitié endormi et il ne savait pas qui nous étions; comment, en effet, pouvait-il penser que le nouveau consul, qui devait arriver d'Europe, arrivait justement par le bateau qui partait pour Marseille? Aussi on peut juger de sa surprise et de son embarras quand il sut à qui il avait affaire. Mon père lui dit combien il était étonné de voir le consulat établi dans une auberge, alors qu'on lui avait assuré à Madrid, au ministère, que l'Espagne possédait une magnifique maison. M. de Ozores répondit que l'Espagne ne possédait qu'un simple terrain, qu'il avait été souvent question de bâtir un hôtel, mais que cette affaire était toujours restée en projet dans les cartons, de sorte que tout ce qu'on avait construit jusqu'alors, ce n'était que des *châteaux en Espagne*.

Il ajouta qu'il avait possédé autrefois une maison en ville et qu'il avait eu la patience d'attendre le nouveau titulaire du consulat pour tout lui céder. Ayant toujours attendu en vain et pendant longtemps, comme sa santé ne lui permettait pas de continuer à vivre dans le pays, il avait fini par tout vendre, sauf les archives et un porte-allumettes qui servait d'encrier, ces choses appartenant au consulat. Puis, n'attendant plus personne, il avait fait tous ses préparatifs de voyage pour partir pour le prochain paquebot. « Depuis que la Cochinchine est devenue colonie française, dit-il enfin, tous les consuls se sont arrangés comme ils ont pu ; vous ferez comme les autres, et plus tard vous trouverez tout à souhait; il n'y a que les commencements qui coûtent. »

Ces explications données à mon père, et quand il m'eut adressé à moi quelques compliments, il demanda comment il se faisait que nous arrivions d'Europe par un chemin si extraordinaire et du côté de l'est; mon père dut satisfaire sa curiosité. Là-dessus on nous donna deux chambres dans le même hôtel, en attendant le départ de M. de Ozores, qui le lendemain monta à bord de l'*Iraouaddy*, et nous laissa son appartement composé de trois pièces : la chambre de mon père, la mienne et un cabinet ou bureau qui servait à recevoir les personnes qui venaient.

Quoique nous fussions servis par les domestiques de l'hôtel, mon père désira que j'eusse une femme de chambre; pour cela il s'adressa à M. Giraut, le maître de l'hôtel; celui-ci me trouva une Annamite, qui était bien la créature la plus laide de sa race; qu'on s'imagine l'effet qu'elle dut produire sur une enfant de douze ans, qui avait si peu l'habitude de ces indigènes et qui ne ressentait aucune sympathie vis-à-vis d'eux, même des plus favorisés de la nature. Quel dut être mon chagrin, lorsque je vis que désormais je devais être servie et accompagnée par cette créature totalement dépourvue de tout charme, physiquement du moins, car M. Giraut nous l'avait donnée comme un sujet de grande valeur morale; mais une enfant ne peut guère apprécier cela, et souvent les apparences captivent plus son imagination que les qualités qui se cachent à ses jeunes yeux; pour comble de malheur, cette femme ne comprenait que sa langue maternelle, et moi je trouvais plus simple de lui parler dans la mienne, ou bien je ne lui parlais pas du tout.

Parfois, malgré moi je la regardais pendant assez longtemps; cette laideur m'intéressait sans que je susse pourquoi; elle n'était ni grande ni petite, de moyenne grosseur, mais, sa figure! la petite vérole l'avait ravagée d'une façon épouvantable; ses yeux, qui n'avaient

jamais été bien ouverts, étaient presque
fermés en ce moment; son nez très gros,
très rond et cassé à sa naissance surmontait
une bouche énorme, aux lèvres épaisses toujours ouvertes et laissant voir des dents couleur chocolat, par suite de l'usage des chiques
de bétel; tout ceci réuni lui donnait un air
de ressemblance incontestable avec les dragons et les êtres imaginaires que ces indigènes
adorent dans leurs pagodes. Il faut croire
pourtant que cette antipathie n'était pas
réciproque, car cette malheureuse fille m'avait
prise en telle affection qu'elle ne faisait que
m'embrasser. J'avais beau me défendre et
crier de toutes mes forces, elle continuait de
plus belle, supposant sans doute que cela me
faisait plaisir; les choses en arrivèrent à ce
point que je dus en parler à mon père. Celui-
ci, très absorbé depuis quelque temps par
son installation, ne fit pas attention tout
d'abord à mes réclamations; mais quand
j'insistai, il eut peur que cette fille ne fût
un garçon. C'est chose très facile pour les

étrangers de confondre les deux sexes, vu qu'ils s'habillent pareillement, avec une longue robe noire, et que les hommes en Annam ont tous leurs cheveux roulés en chignon, pas de barbe, les extrémités très délicates, et par conséquent une grande ressemblance avec les femmes. Mon père, très alarmé, alla prier M. Giraut de vouloir bien tirer les choses au clair; celui-ci répondit en riant qu'il était bien tranquille à ce sujet, qu'il avait depuis longtemps l'habitude de distinguer les deux sexes et que nous finirions par la prendre nous-mêmes.

Je vis par la suite combien cette fille était douce et bonne. Ma raison aidant, je faisais tout mon possible pour m'habituer à sa figure, mais malgré moi je la comparais encore trop souvent aux charmantes jeunes filles de Cadix ou de Séville, par qui j'avais toujours été servie dans les beaux jours de ma première enfance.

Peu à peu je fus prise d'une grande mélancolie, d'un dégoût complet pour toute chose et d'une profonde tristesse. Tout ce qui m'entourait m'était indifférent ou inconnu : je me trouvai bien seule et sans personne à qui je pusse parler. Mon père, étant tout entier aux affaires, ne pouvait s'occuper de moi; je sentis que j'allais être malade, et en effet j'eus des accès de fièvre et j'éprouvai comme des lassitudes et un malaise impossible à décrire pendant les longues journées qui passaient sans que je pusse les employer. Je ne pouvais ni travailler faute d'installation, ni me promener faute de compagnon; je mourais d'ennui et de chagrin; mon imagination volait sans cesse sur l'Alameda de Cadix; vers notre hôtel, ma chambrette, et tous les êtres ou les objets que j'avais aimés.

Cependant, comme à cet âge les chagrins passent vite et sans laisser à peine de trace dans le jeune cœur qu'ils ont torturé, ces pensées s'effaçaient par moments, et l'heureux caractère de l'enfant reprenait le dessus; alors pour me distraire je regardais par une fenêtre de ma chambre donnant sur la cour

de l'hôtel d'où je pouvais voir les gens de la
maison aller et venir, les domestiques chinois
et le cuisinier assis à la porte de la cuisine;
ou je regardais par les fenêtres de la façade
d'où je pouvais apercevoir le rond-point de
Saïgon, qui alors n'était qu'un endroit très
mal tenu et où l'on venait vider toutes les
ordures de la ville; plus loin c'était la rivière
où se balançaient sur leurs ancres les grands
bateaux de l'État et où circulaient une foule
d'embarcations de toute sorte.

Un jour que j'étais accoudée à la fenêtre
de la cour, je vis une chose qui excita vivement
ma curiosité; je crois que toute autre personne
en pareille circonstance eût été comme moi;
le cuisinier était assis ou pour mieux dire
accroupi au bas des marches de la porte con-
duisant à ses fourneaux, et il regardait très
attentivement un trou qui se trouvait dans
la cour près de là. je me demandais ce qu'il
pouvait attendre: il tenait entre les mains
une longue fourchette à frire, en dirigeant
les deux pointes vers l'orifice de ce trou noir,

et de temps en temps il y jetait quelques grains de riz; il attendait avec une patience exemplaire; moi je commençais à perdre la mienne, quand tout à coup je vis la tête d'un énorme rat sortir de l'orifice pour happer les grains de riz, et aussitôt le cuisinier d'abaisser son immense fourchette pour lui faire entrer les deux pointes dans la nuque. Cet exploit accompli, mon homme s'en allait noyer sa victime dans le baquet qui contenait l'eau pour faire la cuisine; on peut juger si cette découverte me fit grand plaisir.

Dans la suite je sus que c'était une habitude à lui, et qu'après avoir asphyxié ces bêtes immondes dans la provision d'eau, il se servait de cette eau absolument comme si rien n'était; puis il sortait les rats, les ouvrait et les mettait sécher au soleil. Pouah !..... Je m'expliquai sur-le-champ pourquoi souvent les mets avaient si mauvaise odeur, et le dégoût me saisit bien plus fort que jamais, au point que je ne mangeai plus que des conserves d'Europe ou des aliments dont je connusse tout à fait la provenance.

Une autre fois, au lieu de faire la chasse aux rats, il s'occupait à un autre divertissement cynégétique et rendait à une vieille femme le service que les singes se rendent entre eux pour se débarrasser des petits animaux parasites qui les tourmentent par tout le corps et y logent en garnison perpétuelle. On me dit que tous les Annamites en usaient ainsi les uns envers les autres, en vrais frères. Une autre fois, toujours mon cuisinier, fut trouvé par moi occupé à dépouiller un long serpent, qu'il servit ensuite comme une anguille succulente. J'en passe, je ne saurais dire tout ce dont je fus témoin en ce genre; ce serait trop long et je veux seulement donner une idée de toutes les souffrances que j'endurais. Je ne dis rien non plus de tous les petits insectes qui couraient dans ma chambre et dans toute la maison, parce que dans cet étrange pays il faut se résoudre à vivre en pareille compagnie, n'importe où l'on soit et dans toutes les habitations, même les plus confortables. Il est certain que les araignées noires ou de toutes les couleurs et de toutes les grandeurs, les serpents venimeux, les lézards horribles et les scorpions aux pinces acérées peuvent faire la joie et le bonheur des naturalistes et des médecins de la marine qui en font des collections et les recherchent avec avidité; mais la pauvre petite Florinda s'en fût bien passée.

Aussi, ne pouvant supporter la vue de l'intérieur de son chez soi, elle mettait la tête à la fenêtre et, comme on l'a vu, n'était guère plus récréée ni consolée. Où reposer ses regards et son esprit? Parfois elle tournait machinalement les yeux vers le ciel, ce qu'elle faisait souvent quand elle était encore à Cadix : aimant là-bas à contempler cette voûte magnifique presque toujours d'un bleu sans tache le jour et la nuit, les étoiles la ravissaient d'aise et son père lui avait appris à les connaître, à les appeler par leur nom et à penser que peut-être ces mondes étaient habités eux aussi et qu'ils roulaient les uns sur les autres en chantant un hymne grandiose à la louange du Créateur. Dans les belles journées d'été elle aimait à chercher dans l'immensité un petit nuage blanc; avec son imagination elle lui donnait la forme d'un être animé et raisonnable qui s'en allait à travers l'espace porter à Dieu ses prières, et il lui semblait que tout ce qu'elle disait à son Créateur lui parviendrait ainsi plus fidèlement, emporté sur les ailes des nues, entraîné par les vents.

Voilà pourquoi elle levait encore les yeux vers le ciel brûlant de la Cochinchine; hélas! au lieu de l'épanouissement de l'âme et du dilatement de tout son être, quel serrement de cœur et quelle tristesse profonde! le ciel qu'elle regardait, à en juger par les apparences, était tellement bas qu'il semblait tomber sur la tête; l'horizon se rétrécissait; on sentait des miasmes dans l'air et une chaleur étouffante partout; des nuées grisâtres réfléchissaient les rayons d'un soleil de plomb, vous faisaient baisser les yeux et chercher un lieu calme et frais bien difficile à trouver. Il

fallait donc encore s'écarter de la fenêtre,
et je cherchais à chasser mes souvenirs et à
éteindre mes regrets.

Comme la fleur transplantée par un jardinier
dans une région lointaine, malgré les soins et
la surveillance dont on l'entoure, souffre, se
fane et meurt, ainsi je commençais à souffrir
moi-même et à m'étioler, et bientôt je fus si
malade que les médecins déclarèrent ma vie
en grand danger. L'existence que je menais ne
pouvait vraiment pas durer plus longtemps,
cela devait avoir une fin : je restai suspendue
entre la vie et la mort pendant bien des journées pénibles, pendant des nuits interminables,
couchée sur mon lit ou étendue sur ma chaise longue de bambou, n'ayant plus de goût pour rien,
indifférente à tout, ayant perdu la notion des
personnes et des choses. Mon père se désolait
et, aidé de ma pauvre bonne, me prodiguait
les soins les plus empressés. Je fus malade un
mois, deux mois, trois mois, et la convalescence se prolongea encore comme si elle ne
devait point cesser. J'étais à l'âge où la nature

opère en nous une grande révolution, qui met
l'enfance en fuite pour faire place à la jeunesse; moment terrible et décisif, où quelques-uns succombent, où d'autres sortent
vainqueurs du combat; je demeurai for-
tifiée pour le reste de mon séjour en Annam
et je ne devais plus tomber malade dans ce
pays.

Plusieurs des personnes qui habitaient l'hôtel
avaient été très prévenantes à mon égard durant
ma maladie, et s'étaient montrées pleines
d'attention pour mon pauvre père. C'étaient
surtout des employés et fonctionnaires de la
colonie. Une de ces personnes déplaisait sou-
verainement à mon père; la sympathie ne se
commande pas, et plus ce monsieur montrait
de politesse et de courtoisie, moins il en était
récompensé; car, dit le proverbe espagnol,
« un rien est tout pour celui qui aime, et un
tout n'est rien pour celui qui n'aime pas. »
Ne sachant qu'inventer pour me faire plaisir,
ce monsieur, un jour, m'apporta un flacon
plein d'une essence délicieuse venant des

Indes. Il l'avait fait en m'adressant la parole en espagnol avec la permission de mon père. Quand il fut parti, celui-ci me dit d'un air sévère qu'il fallait détruire ce petit bijou, et, malgré mes objections, il le prit entre mes mains, et le lança par la fenêtre sur un tas de pierres où il se brisa. Cela me fit beaucoup de peine ; je donnai à mon ami le nom de *agua de India*, et depuis ce moment je pensai beaucoup à lui et remarquai dans toute sa personne un grand nombre de qualités auxquelles, jusqu'ici, je n'avais nullement fait attention. Il tomba malade peu après et quitta Saïgon ; j'en fus très chagrine. Voilà pourtant à quoi s'exposent les parents qui agissent trop brusquement envers leurs enfants ; ils obtiennent souvent tout le contraire de leurs désirs.

Au cours de ma convalescence, je vis aussi, un jour, passer près de ma chambre un petit gamin de Saïgon, portant dans ses mains un beau cacatoës blanc à huppe jaune qui se prêtait à tout ce que son maître voulait. Je trouvai cet oiseau si beau et si doux que je proposai au petit propriétaire de lui payer le prix qu'il me demanderait, ce à quoi il consentit sur-le-champ, à ma grande joie. Lorsque mon père rentra, il me promit une belle cage pour mon joli cacatoës; je l'eus aussi bientôt. Cet oiseau paraissait comprendre mes souffrances; il me distrayait, ne me laissait jamais seule et me suivait partout. La porte de sa cage dorée restait toujours ouverte et il n'y entrait que pour se coucher et quelquefois pour manger; plus souvent il mangeait à table à côté de moi. Le matin il venait me réveiller en me donnant de petits coups de bec et en me criant tout doucement : *kakatoès ! kakatoès !* puis, s'il voyait que j'avais l'air de dormir, il se posait tranquillement à côté de ma joue sur l'oreiller et, fermant ses beaux yeux noirs, il paraissait dormir, mais au moindre bruit de ma respiration il se soulevait et recommençait son petit cri : *kakatoès ! kakatoès !* je me sentais plus heureuse depuis que j'avais ce compagnon, et j'étais contente de son affection que je partageais de tout mon cœur; la santé revenait chez moi, et la compagnie et l'affection de mon oiseau étaient sûrement pour quelque chose dans ce changement.

Une après-midi, je vis venir dans notre appartement un jeune officier français; il demandait à parler à mon père; il resta un moment avec lui, puis il partit; mon père m'appela et me dit : « As-tu vu cet officier qui sort d'ici? » — Oui. — Eh bien! ce monsieur est le maître de ton cacatoès! » Ces simples paroles produisirent sur moi un effet déplorable; je me mis à pleurer à chaudes larmes, en demandant comment cela était possible. On me répondit alors que l'officier était vraiment le propriétaire de l'oiseau; il avait même en ce moment, chez lui, le mâle qui réclamait tous les jours la femelle que j'avais achetée à un petit voleur. Mais comme il connaissait mon histoire, en vrai chevalier français, il ne voulait pas priver une jeune fille du plaisir qu'elle aurait à garder quelque temps encore cet oiseau. Je n'en étais pas moins triste pour cela et passai une mauvaise journée et une nuit tourmentée. Le lendemain arriva un soldat, l'ordonnance de l'officier ; il apportait une lettre et une cage plus belle et plus grande que la mienne, où se trouvait le mâle ; je pris mon courage à deux mains, j'embrassai mon petit ami et le plaçai moi-même dans la cage avec son compagnon et me sauvai dans ma chambre. Quand je revins au salon, quelques minutes plus tard, la cage était toujours là et mon père aussi ; il me tendit la lettre qu'on avait apportée. C'était une bien douce surprise ; le maître des oiseaux nous priait, de la manière la plus courtoise, de les garder toujours, disant que les petites bêtes ne seraient jamais mieux qu'entre mes mains.

IV

AU CONSULAT D'ESPAGNE

Installation nouvelle. — Ma bonne se fait carmélite. — Nos gens. — Mon éducation religieuse et mes études. — Le songe d'une nuit d'été. — La maison de la route de Chôlong. — Le parc du Consulat. — Je deviens couturière par nécessité. — Ma basse-cour. — A quoi peut servir une ombrelle. — Alarmes nocturnes. — Je suis marraine.

Parmi les pensionnaires de l'hôtel il y avait un monsieur d'un certain âge qui était commissaire de la marine; très aimable, très complaisant, il se faisait un plaisir de donner à mon père tous les renseignements dont il avait besoin. Depuis notre arrivée, nous cherchions une maison où nous puissions nous établir selon nos goûts et notre position; mais c'était chose très difficile à Saïgon; il y avait peu de maisons à louer, et quand par hasard il s'en trouvait une, elle était louée de suite et souvent à l'avance. Nous qui ne connaissions pas le pays, nous trouvions le cas embarrassant et mon père s'en plaignait amèrement. Le commissaire de la marine vint encore à notre secours en cette circonstance; il avait un gendre qui possédait une magnifique maison sur la route de Chôlong, grande ville chinoise située tout près de Saïgon comme son gendre et sa fille étaient en France depuis peu et qu'ils devaient encore y rester un certain temps, il nous proposa de louer la résidence en attendant leur retour. Nous allâmes la voir le lendemain, elle nous plut et nous fîmes aussitôt arranger l'intérieur et couper les herbes qui poussent si facilement dans ces contrées et avaient déjà envahi toutes les allées du parc.

J'avais fini par m'habituer à ma femme de chambre : elle était vraiment si bonne, si dévouée, que je ne pensais plus à sa laideur ; j'étais même bien contente de l'avoir, d'autant mieux que je commençais à comprendre et à parler un peu l'annamite ; j'avais aussi remarqué chez cette fille une grande piété et un penchant à la solitude et au recueillement. Elle ne me surprit donc qu'à demi quand elle vint me dire d'un air tout à fait solennel, qu'elle se disposait à entrer dans le couvent que les Carmélites ont fondé il y a quelques années à Saïgon, près de Tù-Tiem. Elle voyait bien, disait-elle, que la vocation de la vie religieuse l'attirait là, et que, malgré tous ses regrets de me quitter, il lui fallait partir ; mais elle promettait de toujours penser à sa petite maîtresse du fond de sa cellule et de prier pour elle avec ferveur. Cette résolution me fit encore bien souffrir et je vis que j'aimais ma bonne plus que je ne l'aurais pensé. Puis, au fond de moi-même je me disais : « Mon Dieu ! combien elle paraît et combien elle doit être heureuse ! » Et pourtant je ne comprenais pas tout son bonheur et je ne pouvais me représenter toute la dou-

ceur de la solitude et du couvent, car je ne
connaissais point la vie et ses pièges et ses
écueils. Le grand jour du départ arriva bientôt, et ma *Chi-Ba* — c'était son nom — entra
au Carmélites : dans la suite je connus mieux
son histoire; c'était la fille d'un des lettrés
les plus distingués de la Cochinchine, qui fut
maire de son village et mourut sans laisser
de fortune à ses enfants.

Cependant notre maison était prête à nous
recevoir; nous quittâmes l'hôtel avec joie.
Mon père choisit des domestiques, et voici quel
était le personnel de la maison : un maître
d'hôtel originaire de l'Amérique du sud, qui
avait beaucoup voyagé et était resté à Paris
plusieurs années, un cuisinier chinois qui avait
fait son apprentissage à bord des Messageries
maritimes et qui lui aussi était demeuré à Paris
quelque temps, un aide de cuisine annamite,
un cocher et un laquais malais, deux valets
de chambre annamites et deux femmes de
chambre pour moi. La livrée était noire avec
galons rouge et or; le cocher et le groom

avaient la cocarde rouge et or au chapeau, et ces couleurs, tous nos gens devaient les porter, car c'étaient nos couleurs nationales, celles qui flottaient au vent avec le pavillon qui surmontait notre habitation.

Les domestiques nouveaux étaient bien stylés, et leur service était irréprochable; mais ils étaient tous païens, seul le maître d'hôtel était protestant. Mon père ne les avait point choisis de religion catholique, à dessein, parce qu'il avait toujours vu en moi une grande attraction pour la vie religieuse; toute petite, j'aimais à prier Dieu et à méditer des heures entières, au lieu d'aller m'amuser comme font les enfants. A l'âge de dix ans je demandais à mon père à faire ma première communion et je disais parfois que je voulais être religieuse; c'est la raison pour laquelle mon père m'avait appris à aimer Dieu et la religion et à prier, mais sans étendre au delà mon éducation religieuse et sans parler de première communion, qu'il avait néanmoins l'intention de me faire faire plus tard. De plus arrivèrent les circonstances que l'on sait, les événements politiques de 1868 et 1869, sa nomination, notre long voyage. A notre arrivée à Saïgon le consul d'Espagne eut à traiter toutes sortes d'affaires avec les gouvernements annamite et cambodgien, et je tombai malade; autant d'empêchements pour réaliser le cher projet. L'entrée de ma *Chi-Ba* au Carmel alarma de nouveau mon pauvre père, car je recommençai à parler de couvent et de vie religieuse; aussi m'entoura-t-il de personnes qui ne pussent m'entretenir de ces choses-là, et il se contenta de me faire réciter mes prières matin et soir et de me conduire à l'église les dimanches et jours de fêtes.

Une fois installée, je repris mes études; j'eus alors plusieurs professeurs qui venaient me donner des leçons à la maison; le meilleur de tous, le plus sévère et le plus difficile à contenter, c'était encore le maître qui régnait en ces lieux. J'apprenais l'espagnol, le français, l'anglais et l'annamite en même temps; le croira-t-on? c'est dans cette dernière langue

que je faisais les progrès les plus rapides sans
l'étudier et simplement en m'amusant à faire
des phrases avec les indigènes; on me poussait
beaucoup à apprendre la langue française,
puisque j'étais appelée à en faire un usage
fréquent, destinée à vivre peut-être longtemps dans une colonie française et avec
des Français. J'éprouvai dans l'étude du français toutes sortes de difficultés, à cause de
toutes ses règles et de sa diabolique ortho-
graphe; je me disais parfois que si j'avais pu
simplifier tout cela, j'aurais été très heureuse,
et cette idée me poursuivait au point que j'en
rêvais tous les soirs.

Vers cette époque, en effet, j'eus un songe
singulier; il me semblait que je tombais d'une
grande hauteur, à ce point que pendant ma
chute je ne pouvais plus respirer; puis, à ma
grande surprise, je me vis debout, sans aucun
mal, dans un lieu inconnu, ténébreux et profondément silencieux. Je restai ainsi un
moment, lorsque j'entendis retentir dans un
coin éloigné un fracas épouvantable, des

bruits singuliers, des coups sourds et comme des bourdonnements d'insectes, en même temps que je voyais luire une foule de petites lumières. Le silence de ces lieux était interrompu d'une façon si lugubre que je n'osais ni bouger ni crier au secours; ma voix s'arrêtait dans mon gosier, j'étais remplie de terreur; tout à coup j'aperçois une femme de haute taille qui se dirigeait de mon côté; cette femme tenait dans sa main droite un flambeau et dans sa gauche une foule de choses que je ne pus distinguer tout d'abord, mais que je reconnus ensuite pour être des banderolles de papier où l'on avait écrit toutes les règles de la grammaire; sa robe blanche était couverte des verbes, des participes, des substantifs et des pronoms, et son visage avait l'air implacable; ses yeux brillaient comme des étoiles, et en s'approchant de moi elle cria d'une voix caverneuse : « Je suis la grammaire des grammaires, et il faut que tu me connaisses! » Comme elle disait ces mots, tous les verbes et les participes dont sa robe était couverte, se convertirent en une multitude d'insectes vivants qui se mirent à voltiger, à crier et à bourdonner à qui mieux mieux. Je vis bien que toutes ces petites bêtes allaient fondre sur moi inévitablement; je voulus faire un mouvement et au milieu de mes efforts répétés, j'ouvris les yeux et je m'aperçus que ma veilleuse s'était éteinte sur ma table de nuit à côté du lit. Comme j'étais bien éveillée cette fois et que j'entendais toujours les mêmes bruits étranges, j'allumai une bougie et je compris tout, d'un seul coup d'œil jeté vers la fenêtre de la chambre à coucher. Elle était restée ouverte la veille au soir, et la lumière avait attiré tous les moustiques et toutes les chauves-souris de la création qui dansaient leur sabbat autour de moi, non sans me piquer cruellement. Je compris aussi qu'à l'avenir dans le pays où je me trouvais, il me faudrait fermer hermétiquement les portes et les fenêtres, et laisser tomber autour de mon lit ma jolie et blanche moustiquaire. Pour ce qui concerne la grammaire, je pus juger par

son air rébarbatif qu'elle ne transigerait jamais
avec ses règles, ses verbes et tout son cortège ; j'en conclus que par conséquent force
était de l'apprendre telle qu'elle était et le
plus vite possible, afin d'en être débarrassée.

Le jour commençait à poindre comme je
prenais ces bonnes résolutions ; je me gardai
bien de retourner me coucher ; je pris ma robe
de chambre, je drapai une mantille sur ma
tête et je m'étendis paresseusement sur la
longue chaise de bambou qui se trouvait au
milieu de la vérandah donnant sur le jardin.
Celui qui n'a point habité l'extrême Orient
ne connaîtra jamais l'ineffable plaisir que peut
nous procurer le réveil du jour, alors qu'au
mystérieux silence des nuits succède une foule
de murmures, de douces plaintes et de bruits
inconnus qui forment la grande voix de la
forêt, et qu'un vent délicieux et parfumé vient
faire frissonner nos membres engourdis et
rendre la vie à tout ce qui nous entoure

La maison que nous habitions était une de
ces belles résidences, que les Européens ont

si bien su arranger pour atténuer autant que
possible les rigueurs du climat; elle était
entourée d'arbres magnifiques, dont les
branches touffues la protégeaient contre les
ardeurs du soleil et lui prêtaient leur ombrage
de tous côtés; dans l'intérieur on jouissait
d'une délicieuse fraîcheur; les oreilles étaient
charmées par les chants d'oiseaux, les yeux
ravis de voir de toutes parts les rideaux de
verdure formés entre les arbres par les lianes
et les plantes grimpantes et se balançant au
souffle de la brise. Le côté droit et la principale façade donnaient sur le parc : le côté
gauche sur la route de Chôlong, et de l'autre
façade on pouvait laisser errer le regard sur
une verte et riante campagne, qui s'étendait
à perte de vue jusqu'à cette ville de Chôlong.
Toutes les chambres étaient grandes, bien
aérées, et elles avaient vue immédiatement
sur le parc ou sur un haras voisin, où les
petits chevaux annamites prenaient leurs ébats.

Ma chambre était située au premier étage;
elle était grande et j'avais désiré qu'elle fût

meublée dans le goût du pays ; mon lit était
en laque rouge avec des sujets en relief en
laque dorée, monté sur des pieds tournés en
bois noir. Comme en Cochinchine, on n'use
pas de sommiers, le fond du lit était cannelé
et à jour comme mes chaises ; dessus un très
mince matelas cambodgien, des draps en foulard de soie, grand ourlet à jour, et une
couverture en crêpon rouge, le tout entouré
d'une fine moustiquaire de tulle blanc, qui
sortait de dessous un dais en crêpon rouge.
Les autres meubles assortis au lit se composaient de deux bahuts qui servaient d'armoires,
puis de fauteuils, de canapés et de sièges en
marbre et bois noir. Sur la vérandah, des
fleurs à profusion, des volières pleines d'oiseaux, au plumage multicolore, des fauteuils et
des chaises longues en rotin et en bambou.
Toutes les pièces de la maison donnaient sur
cette galerie ou vérandah avec laquelle on
était en communication par des portes-
fenêtres. Ma chambre était au milieu de la
maison ; celle de mon père faisait le coin du

côté de la route. Les salons, salle à manger
bibliothèque et bureaux du consulat se trouvaient au rez-de-chaussée; quant aux écuries
et remises, elles étaient situées dans un bâtiment à côté et contenaient de la place pour
six chevaux et plusieurs voitures. Il y avait
longtemps qu'elles n'avaient servi et elles
étaient devenues le refuge de tous les serpents
d'alentour : nous eûmes grand'peine à les en
déloger; longtemps après on découvrait
encore, partout, dans tous les coins, les peaux
dont ces reptiles changent chaque année.

Le parc était fort agréable, parce que d'un
côté il était bordé par la route de Chôlong, la
promenade habituelle de tous les équipages,
cavaliers et amazones de Saïgon, de l'autre
par une ravissante petite rivière qui coulait
entre les palétuviers et les cocotiers. Toute
une population de ces singes si répandus en
Cochinchine folâtrait et grimaçait à qui
mieux mieux dans ces bocages, et se faisant
de tous ces arbres qui s'entrelaçaient autant
de ponts naturels, ils passaient et repassaieut

d'une rive à l'autre de la rivière, souvent en se tenant par leurs longues queues. Mon père m'avait fait construire une petite barque peinte en blanc et dans le style annamite; dans ce pays les bateaux affectant toujours la forme d'un poisson ou d'un animal quelconque, j'avais choisi pour le mien la forme d'un cygne, et je l'avais nommé *Fidela*, en souvenir du navire qui m'avait amenée aux Philippines. Aussi j'allais souvent me promener sur le petit cours d'eau ; j'appelais cela mes *voyages de méditation* ; ils étaient vraiment pour moi dans le commencement la source d'une foule de réflexions et de remarques intéressantes. Mes compagnons de voyage étaient un petit *boy* annamite qui ramait dans la barque et un gros pélican blanc qui suivait dans le sillage, en faisant la chasse aux poissons assez maladroits pour se mettre à sa portée.

Le drapeau espagnol flottait à la poupe et venait souvent m'envelopper de ses plis pendant que je me tenais au gouvernail pour diriger l'embarcation. Point n'était besoin de faire de toilette pour ces petites excursions à l'intérieur de la propriété; au contraire, je partais avec une robe flottante de mousseline blanche, les cheveux attachés par un simple ruban et tombant en longues boucles sur les épaules, la tête couverte d'un large chapeau de Manille; le vrai costume des dames créoles, charmant de simplicité et de commodité.

Dans le parc il y avait des allées superbes, des sentiers ombragés, de jolies charmilles et une pièce d'eau où j'allais pêcher à la ligne et où les canards sauvages et les sarcelles venaient manger le pain que je ne manquais pas de leur apporter. J'avais aussi mon petit coin préféré que j'avais arrangé à ma façon et que j'appelais mon *bosquet de Cadix*. Sur le bord de la rivière, on avait construit une colline en miniature protégée contre l'eau courante par une ceinture de rochers; au pied de la colline, un pont rustique qui conduisait dans une sorte d'île; on avait planté des roses partout; ce n'était qu'un buisson de roses au milieu desquelles s'élevait un gracieux pavillon chinois; sur le toit un jasmin d'Espagne avec ses vertes branches chargées de blanches et odorantes fleurs étoilées. Assise là, cachée à tous les regards par une haie épaisse de bambous, près de la fleur de jasmin dont l'Espagne semble être la patrie, en voyant à travers les branches des arbres flotter le drapeau rouge et jaune qui surmontait le toit du consulat, j'avais l'illusion de la patrie absente.

C'étaient les passe-temps des beaux jours; mais quand les orages s'annonçaient par leurs sinistres avant-coureurs, quand les délicates pétales des fleurs se mêlaient aux feuilles d'oranger ou de bambou en tourbillonnant à grand bruit dans les avenues, quand le tonnerre grondait sourdement au loin, ou que la pluie tombait à torrents en faisant craquer les arbres et en jonchant de débris les alentours de la maison, craintive et désolée, je restais dans ma chambre à lire où à faire quelque travail d'agrément.

Au bout de quelque temps, après plusieurs

mois de séjour, je m'aperçus avec douleur que ma garde-robe apportée d'Espagne ne pouvait plus me suffire; mes robes étaient trop courtes, mes chapeaux démodés; je me trouvais tout à coup sans la moindre toilette. Ce fut mon père qui le premier me le fit remarquer, et comme il n'y avait dans le colonie à cette époque aucune couturière française et que les indigènes étaient très maladroites, il m'engagea à me mettre à la besogne et me fit voir plusieurs pièces d'étoffe qu'il avait achetées à cette intention. Il me dit de couper, de tailler, sans me décourager après une première tentative. Je n'avais jusque-là habillé que mes poupées, j'étais perplexe; une idée me vint pourtant: ce fut de découdre une robe qui m'allait bien; je me mets aussitôt en devoir de le faire, je coupe de l'étoffe sur ce patron et je commence à coudre; quand il s'agit de relever la robe, ce fut plus difficile; mais après bien des tâtonnements je finis par faire quelque chose de passable. Ce qui m'embarrassait le plus, c'était de n'avoir pas de modèles;

je ne pouvais changer la façon de ma première robe. Mon père vint encore à mon secours en m'abonnant à un journal espagnol *la Moda elegante* de Madrid qui ressemble beaucoup à *la Mode illustrée* de Paris. A partir de ce moment là, je ne fus plus embarrassée, pour mes toilettes et mes chapeaux, j'appris aussi à faire bien de charmants petits ouvrages dont mon journal me donnait le modèle, puis j'aimais à lire les jolis vers de plusieurs poètes espagnols et toutes les bonnes recettes que je trouvais dans ses colonnes. On crut à Saïgon que je faisais venir mes robes et mes chapeaux de Paris et on prit modèle sur moi, ce qui flatta beaucoup mon amour-propre de couturière et de modiste, en m'engageant à continuer.

Tous les Annamites des alentours savaient que j'aimais beaucoup les oiseaux et les animaux; aussi les uns par reconnaissance pour les charités que je leur faisais, les autres pour obtenir quelque bonne main, accouraient à la maison et il ne manquait pas de jour qu'ils

ne m'apportassent quelque petite curiosité à
deux ou quatre pattes, de sorte qu'en peu de
temps je me trouvais à la tête d'une véritable
ménagerie et d'une basse-cour accomplie.
J'aimais à donner à manger à tout ce monde,
et mon bonheur était de me faire suivre par
mon pélican lorsque j'allais voir mes vola-
tiles; mon blanc compagnon se tenait toujours
derrière moi sans se montrer; alors les poules
anglaises mignonnes et blanches, les poules
sultanes, gris-ardoise à ventre azur avec un
casque pourpré sur le sommet de leur jolie
tête, les cygnes noirs et blancs, les canards
et les oies, les cigognes, tous arrivaient pêle-
mêle, criant, piaillant, se démenant et faisant
voir chacun qu'il était plus pressé que le voisin; l'Annamite qui portait la provision pour
tout le monde ne savait où se mettre pour
être à l'abri de leurs coups de bec; je donnais
le *paddy* (riz non décortiqué), et il fallait les
voir se précipiter sur le tas de riz avec avidité! Comme je ne donnais jamais assez vite
à mes cigognes et à mon pélican leur provision

de poissons, les premières faisaient entendre des cris désespérés, et le second mettait en fuite toute la basse-cour par son attitude menaçante. Il s'élançait sur le bataillon emplumé, les ailes étendues comme deux énormes éventails, ouvrant son large bec, et tous de se percher sur les toits et de se réfugier dans la pièce d'eau pour échapper à ce terrible ennemi, que je n'apaisais qu'en le gorgeant d'ablettes et de goujons.

Sur ces entrefaites j'éprouvai un grand malheur : mes deux kakatoës tombèrent malades, devinrent aveugles et succombèrent à un mal inconnu, sur lequel personne ne put me renseigner ; ils moururent presque en même temps, l'un le matin, l'autre le soir ; je les pleurai, comme on le pense bien, et je voulus leur faire des funérailles dignes de l'affection que je leur avais vouée. D'après mon désir, on confectionna une petite bière en bois du pays ; on les plaça dedans et on les ensevelit dans un endroit du parc écarté et solitaire.

Je fis planter sur leur tombe un petit pal-
mier entouré de jasmins do Cochinchine et
j'allai souvent de ce côté dans mes promenades quotidiennes pour me livrer à tous
mes regrets. Je devais être punie de ma
mélancolie : comme un soir je m'étais attar-
dée au fond du jardin, je vis le ciel sillonné
d'éclairs et j'entendis le tonnerre gronder
dans le lointain : je voulus revenir vers la
maison, quand tout à coup une bête fauve
surgit devant moi, me barrant le chemin.
Dans la demi-obscurité du crépuscule, cet
animal me paraissait encore plus terrible
qu'il ne l'était réellement ; je veux donc fuir,
mais je réfléchis aussitôt qu'il va s'élancer
sur mes traces, car je vois à la lueur des
éclairs son poil hérissé, ses yeux brillants
comme des charbons allumés, sa longue queue
qui lui bat les flancs, ses dents, et ses griffes
acérées ; il s'aplatit contre terre pour mieux
sauter sur moi... Dans cette extrémité, que
faire ? Je n'ai pour toute arme dans la main
qu'une légère ombrelle de soie ! Je cherche

les regards de mon ennemi, je le fixe et je m'avance résolument en ouvrant mon ombrelle; ce qui le fait détaler. Il se ravise pourtant, se retourne et revient; trois fois je recommence mon manège, trois fois il réussit, et enfin, tremblante d'émotion, sans pouvoir articuler une parole, comme je m'étais rapprochée de l'habitation, j'y entre, et l'on m'apprend que je viens d'échapper à un grand péril. Mon ennemi était un énorme chat sauvage, la terreur des basses-cours d'alentour depuis une semaine ou deux. Les Annamites sont insouciants et de plus superstitieux, très portés à ajouter foi aux choses extraordinaires et merveilleuses: aussi ce Raminagrobis d'un nouveau genre, cet Attila des poules était-il fort respecté et nullement inquiété pour ses crimes: il en profitait largement et bien à son aise.

Je me souviens à ce propos que mes deux femmes de chambre prétendaient me faire croire qu'il y avait des esprits et des revenants dans notre maison. Toutes les nuits, disaient-elles, on voyait des lumières et on entendait des bruits mystérieux: j'avais beau me moquer de leurs racontars, cela les touchait médiocrement et elles disaient encore que je ne pouvais rien savoir, parce que j'étais depuis trop peu de temps dans la maison, tandis que tout le monde dans le village voisin était persuadé de la vérité du fait, pour l'avoir observé souvent. Je pris le parti de les laisser se détromper tout doucement et à la longue.

Mais une nuit, au moment où tout dormait dans la maison, je suis réveillée par le bruit d'une espèce de toux, et comme je prêtais l'oreille, j'entends très distinctement le mot *Cat-Ké, Cat-Ké*, plusieurs fois répété et suivi d'un cri rauque et guttural. J'avais bien écouté et il m'avait semblé que tout ceci s'était passé dans ma chambre. Comme j'étais dans le pays depuis peu de temps, je ne pouvais me rendre compte de bien des choses, mais on sait que mon père m'avait donné une éducation forte et vigoureuse, et par l'histoire précédente

7.

on a pu juger que, pour une fillette, je n'étais
point trop peureuse : plusieurs nuits de suite,
j'entendis le même bruit et je résolus d'é-
claircir le mystère à moi toute seule, sans
rien dire à personne.

Un beau soir, je ne voulus point me coucher
et je me décidai à veiller ; la nuit était splendide ; je m'accoudai à la fenêtre pour voir le
paysage magiquement éclairé par la lune
dans tout son plein ; les arbres jetaient çà
et là des ombres dans la clarté crue, et on
eût dit des rochers noirs au milieu d'un océan
de lumière ; un ruisseau d'eau claire et limpide
coulait presque sous ma fenêtre et allait plus
loin se perdre sous la verdure et le feuillage ;
les insectes avaient commencé leur concert
nocturne et parfois aussi on entendait les cris
indéfinissables, les rumeurs étranges dont j'ai
déjà parlé et qui donnent une âme et une
parole à la grande nature tropicale.

Je luttais contre le sommeil et j'allais sans
doute succomber, quand tout à coup le bruit
que la chute d'un corps fait en tombant vint

me tirer de mon assoupissement. Je cours
vite du côté où j'avais entendu le bruit,
ma bougie à la main, et j'aperçois une masse
informe étendue sous la vérandah ; je m'approche pour mieux voir, lorsque le vent souffle
ma bougie ; je cours la rallumer, quand je
reviens... plus rien !..... Je passai une nuit
blanche, très intriguée. Le lendemain, mon
père donnait une soirée à la suite d'un dîner
diplomatique ; après le dîner, je monte dans
ma chambre pour voir si ma toilette était
en ordre ; je prends une glace appuyée
contre le mur, sur ma table, lorsqu'en passant ma main sur la glace je touche un
corps froid et rocailleux qui me fait tressaillir et retirer ma main tout de suite ; mais
le bruit de tous les soirs, cette espèce de toux
et le mot *Cat-Ké*, répété plusieurs fois, viennent me rappeler à moi. Néanmoins je n'ose
pas m'approcher de la table et je sonne une
femme de chambre, à qui je raconte tout. L'affaire était gâtée, la pauvre femme en m'entendant fut remplie de crainte, elle me conjura de

ne point offenser l'esprit, et quand toute hon-
teuse je saisis un bâton pour courir à ma table,
encore plus rien....! Il y avait de quoi donner
raison à toutes ces chimères; un domestique
vint me prévenir qu'on m'attendait au salon,
je dus descendre.

Évidemment je ne croyais absolument rien
aux histoires fantastiques racontées par les
Annamites, mais ma jeunesse et mon peu
d'expérience firent que, sans m'en douter,
j'avais peur moi aussi. Il y avait de quoi;
la maison était grande, les bêtes et les reptiles y abondaient, tous nos gens tremblaient
comme des poltrons ; je me décidai à parler
à mon père, car je perdais le sommeil et
l'appétit. Il me gourmanda fort ; j'avais peur
de quoi? d'une chose que je ne connaissais
pas! Le soir du même jour, mon père vint
dans ma chambre avec un énorme bâton et,
quand il entendit le bruit accoutumé, il se
précipita et tout à coup je l'entendis crier :
« Je le tiens! je le tiens! » Je le vis alors pres-
ser entre le mur et les persiennes de ma fenêtre

une masse qu'il rejeta violemment sur le
parquet ; qu'était-ce donc? une énorme salamandre terrestre. La peau de cet animal est
d'un gris-bleu, semée de petites taches oranges
et pleine d'aspérités qui rendent son corps rude
et rocailleux ; il habite aussi bien les ruines
et les tombes désertes que les plus belles maisons, et il rend de grands services en faisant
la chasse aux insectes nuisibles. Je demandai
la grâce de la pauvre salamandre inoffen-
sive, et je montrai ce terrible ennemi du
genre humain à ma bonne, qui me dit que
c'était un *cat-ké* ; elle n'était pourtant qu'à
demi rassurée, tant la force du préjugé est
enracinée dans l'imagination de ces ignorantes
populations !

Quelque temps après, M. et Mme B,.., pro-
priétaires de la maison, arrivèrent de France ;
ils furent d'une grande bonté à notre égard
en plusieurs circonstances et ne voulurent
point nous déranger ; ils cherchèrent donc
à se loger avec bien de la peine dans une
autre maison. J'aimais beaucoup les enfants ;

Mme B... eut un petit garçon dont on me pria d'être marraine : j'acceptai avec grande joie et j'étais fière d'entendre dire que mon filleul était beau et bien portant, comme si j'eusse été sa véritable mère. C'était aussi un grand bonheur pour moi d'aller rendre visite à Mme B..., elle était d'origine italienne, avait une fort jolie voix et chantait à ravir les romances et les barcarolles de son pays natal.

V

LA VIE EN COCHINCHINE

Réception officielle du 15 août. — Mou entrée dans le
monde. — Changement de résidence. — Leçons de musique et d'annamite. — Mon vieux lettré. — Les chevaux
du pays. — Langue écrite et langue parlée — Des hôtes
peu agréables. — Le climat. — Un mot sur la capitale.
— Le tombeau de l'évêque d'Adran. — Les missionnaires
français. — Usages et costumes.

Ce fut un 15 août que j'entrai pour la
première fois dans le monde; ce jour-là, fête
de l'empereur Napoléon III, la ville de Saïgon
était sens dessus dessous; drapeaux, tentures, illuminations, feux d'artifice, musique
bruyante et tout ce que l'on sait. Les repré-
sentants des nations amies de la France

devaient pavoiser leurs demeures avec les
drapeaux de leurs nations unis aux couleurs
françaises, et j'aimais à voir tous ces glo-
rieux étendards se déployer dans les airs
avec mille mouvements gracieux. Mon âme
était toute joyeuse, et j'ai toujours admiré
combien était heureuse la coïncidence qui
faisait tomber la fête de l'Empereur en même
temps que la grande fête de l'Assomption ; les
haines politiques pouvaient s'effacer devant le
doux nom de Marie, et tous les cœurs vraiment chrétiens devaient s'unir dans une même
pensée et une même affection pour la Reine
du ciel, quelles que fussent leurs opinions à
l'endroit des souverains de cette pauvre terre.

J'étais bien jeune pour entrer dans le monde
et compter pour quelque chose dans les salons,
les soirées, les bals et les réceptions offi-
cielles ; mon père ne tenait nullement à me
produire de si bonne heure, mais sa position
l'obligeait à se rendre dans les salons du gouvernement ; il n'avait pas de femme, et le
contre-amiral, gouverneur C. de L., étant

venu le supplier, à plusieurs reprises, de
m'amener avec lui, il avait dû se rendre à ce
désir. Quelques dames de la société de Saïgon
avaient eu l'amabilité de s'occuper de ma
toilette; on décida que j'aurais une robe
de mousseline blanche, garnie et parsemée
de petites étoiles d'argent en filigrane qu'on
fit faire tout exprès au meilleur bijoutier du
pays; dans les cheveux flottant en longues
boucles, j'avais aussi de ces étoiles brillantes,
et au cou et aux bras une parure semblable.

Mon père me fit mille recommandations;
mais lorsque je mis le pied dans la voiture
qui devait m'emmener, le cœur me battait
bien fort; ce fut pis encore en montant les
marches de l'escalier d'honneur du gouvernement, au bras du consul d'Espagne en uniforme de gala, et en entrant dans le grand
salon où tous les regards étaient fixés sur la
débutante. L'amiral s'avança pour nous saluer
et il m'offrit le bras pour me conduire auprès
des dames déjà arrivées; on vint peu après
me prier pour danser; ce ne fut qu'avec

peine que je quittai ma place, et je fus enchantée de venir la reprendre ; j'admirais toutes ces lumières, ce luxe, ces uniformes, ces toilettes, cette élégance et ces belles manières si aisées, si charmantes surtout dans un salon français, quand mon père vint me prendre vers onze heures pour partir ; nous n'avions été là qu'une heure ; elle avait passé comme un rêve très agréable ; mais je m'aperçus que je n'aimais pas le monde plus que cela.

Les affaires du consulat d'Espagne nécessitaient notre rapprochement de Saïgon ; nous déménageâmes quelques temps après, non sans regret, et nous vînmes habiter un assez joli chalet construit dans la rue de l'Évêché et situé entre l'Évêché et la maison Hermite. Il était tout nouvellement construit ; la façade donnait sur la rue dont elle était séparée par un beau jardin : sur le côté droit on voyait la maison épiscopale, son jardin et ses dépendances ; sur le côté gauche, la maison Hermite et son parc admirablement soigné. Cette dernière maison, bâtie tout en longueur, avait de beaux appartements; le salon, à lui seul, mesurait plus de dix mètres de long sur huit de large; on y remarquait un plafond délicatement travaillé et soutenu par de jolies colonnettes de cinq ou six mètres de haut; les Annamites avaient surnommé cette résidence la maison mystérieuse, par ce que depuis longtemps elle n'avait été habitée par personne et qu'une foule d'oiseaux de nuit y avaient établi leur retraite. Derrière le chalet étaient les dépendances, et après, une grande plaine traversée par une belle route. Depuis la vérandah du devant, on apercevait une partie de la rue Catinat, la principale de Saïgon; j'aimais beaucoup à venir y respirer l'air frais du soir et entendre la musique militaire qui jouait devant le *mess* des officiers; au loin se profilait sur le bleu du ciel le riche et vaste hôtel du Gouvernement, auquel à cette époque on mettait la dernière main.

Une fois installé, mon pére, aidé par

l'amiral C. de L., chercha et découvrit une excellente personne, Mme de G., qui vint me donner des leçons de musique; c'était une habile pianiste et une très agréable causeuse; belle, grande et forte, elle fit ma conquête; je fus prise d'une grande affection pour elle, et tous les soirs je lui envoyais ma voiture: après ma leçon, elle nous accompagnait presque toujours à la promenade, sachant que ce serait un vrai chagrin pour moi si elle refusait de le faire.

J'eus aussi le désir d'avoir un professeur d'annamite; mon père, qui m'accordait tout, chercha un vieux lettré très savant, qui fut ravi d'apprendre à la petite Européenne sa langue nationale et quelques caractères chinois qui sont ceux que les Annamites emploient. Mon professeur était aussi fier que tous ceux de sa race quand il prennent de l'âge; un vrai type de vieillard annamite : de petite taille, très mince et très droit; il était vêtu d'une longue tunique de soie noire et d'un large pantalon en satin de la même couleur;

ses pieds étaient nus ou rarement chaussés de petites mules sans talons, noires et vernissées, au bout recourbé; sa tête grisonnaute se cachait sous un turban toujours noir; dans sa main droite il tenait l'inévitable éventail en plume de *rach-ghia* et dans la gauche souvent, un rouleau de papier de soie et des pinceaux.

C'est dans cet attirail qu'il se présentait devant moi pour donner sa leçon, mais au dehors, comme tous les vieux lettrés annamites qui se respectent, il reprenait son immense parasol qui servait à le garantir des chauds rayons du soleil ou des pluies torrentielles de ce beau climat; une éternelle cigarette pendait continuellement à sa lèvre inférieure, sans pouvoir jamais se décoller, malgré toutes les conversations graves et sérieuses qu'il lui arrivait de tenir. On sait en effet que l'Annamite dans sa jeunesse est très gai, mais en vieillissant il devient d'une gravité et d'une majesté sans pareilles, et aux propos frivoles succèdent petit à petit les entretiens sages et édifiants : je ne sais si c'est pour cette raison que les jeunes gens ont un si grand respect pour les vieillards. Cela ne les empêche pas du reste d'avoir dans la bouche leur chique de bétel, composée d'un peu de tabac, d'une noix d'areck et de chaux, le tout bien roulé dans une feuille de bétel; grâce à se singulier usage, tous ont les dents d'un noir aussi beau que leurs vêtements et que leur turban, et ils crachent une salive rouge comme du sang; on reconnait ainsi partout les traces d'un indigène.

Mon professeur avait un autre défaut, il était avare; c'est un vice que tous ses compatriotes acquièrent avec les années; pourtant ceux qui ont assez de fortune pour avoir un cheval sont au comble de leurs vœux; il faut les voir alors coiffés de leurs grands chapeaux à forme conique, ressemblant à un immense éteignoir et fixé sous le menton par des cordonnets de soie au bout desquels pendent d'énormes glands. Le vieux lettré qui était riche, propriétaire et maire de *Cho-quan,* son village, était obligé par son âge et sa position à avoir des chevaux. J'aimais à le voir arriver depuis la verandah, le pied dans l'étrier, assis sur sa selle en cuir rouge, garnie de milliers de petits grelots dorés qui résonnaient au trot de son coursier et brillaient sous le soleil ardent.

Les vieux cavaliers vont, viennent et jamais ne se dérangent sur leur route; la politesse annamite ordonne aux jeunes gens de saluer et de se lever à leur approche; mais par exemple si les cavaliers rencontrent un fonctionnaire ou un administrateur, ils sont forcés de céder le pas à leur tour et de faire le *lay* ou salut. Les chevaux ne sont guère bien soignés; je les ai vus maintes fois, après des courses longues et fatiguantes, forcés d'aller chercher leur nourriture eux-mêmes, sans qu'on s'occupât d'eux, sans que leur maître leur donnât le moindre soin, et ce qu'il y a de plus étonnant, c'est que ce petit animal se porte toujours bien, tandis que nos chevaux anglais, malgré tous les soins dont ils sont entourés, sont toujours malades, ne rendent pas les mêmes services et donnent beaucoup plus d'embarras de toutes façons.

Je prenais mes leçons le matin vers dix heures et j'éprouvais un grand plaisir a étudier la langue et à entendre les explications que mon professeur me donnait en annamite, car il faut dire qu'il n'entendait pas un mot de français, et que pour rien au monde il ne vonlait l'apprendre, disant qu'en sa qualité de lettré il était trop savant pour se livrer à une étude quelconque; aussi avait-il en horreur les caractères latins avec lesquels on écrit la langue annamite dans toute la Cochinchine française. Ce moyen, plus commode que les caractères chinois, nous a été donné par les missionnaires qui, à l'aide d'une série d'accents, sont parvenus à rendre très claire la prononciation annamite. L'administration française a établi partout des écoles où les enfants sont forcés d'apprendre à lire et à écrire en caractères latins. Cela est excellent pour les Européens qui étudient la langue; c'est aussi une grande difficulté de moins pour la jeunesse cochinchinoise; tous maintenant sauront lire et connaîtront l'histoire de leur pays; auparavant les caractères chinois offraient une telle difficulté que presque personne ne savait ni lire ni écrire. Tous ces avantages, néanmoins, n'empêchent pas les Annamites pur-sang de s'indigner; ils croient et affirment que c'est une insulte à la mémoire des ancêtres d'innover et de réformer quoi que ce soit; ils sont furieux de voir le *Gia-ding-bao,* feuille saïgonnaise, publiée en caractères latins, et cependant ils sont contents de savoir les nouvelles et leur étonnement est au comble quand ils voient un petit garçon de dix à douze ans lire tout cela correctement, et lorsque surtout ils se rappellent la difficulté qu'ils ont eue et le long temps qu'ils ont mis pour apprendre à lire avec les caractères chinois.

Le mécanisme de la langue annamite parlée est très simple, mais la prononciation est difficile ; c'est comme pour le chinois ; un même mot prononcé de vingt façons différentes peut avoir vingt significations différentes ; de là des quiproquos et des calembourgs sans nombre, et les Annamites très malicieux trouvent bien vite le côté ridicule des choses ; ce qui n'est pas toujours agréable pour un étranger, et surtout pour un Français plus sensible que tout autre à la raillerie.

Les Annamites apprennent les caractères en chantant ; cela est très monotone, et ils s'endorment souvent pendant cet exercice ; mon vieux maître me racontait que les Chinois, pour ne pas s'endormir, attachaient leur queue à un clou ; ce moyen les obligeait à tenir la tête élevée, et quand le sommeil inévitablement arrivait et qu'ils baissaient la tête, ils étaient forcés de se réveiller, car leur queue les avertissait rudement qu'ils étaient attachés à l'étude des caractères et aux murs de leur maison !

Mon professeur ajoutait qu'il s'était servi

de ce système près des élêves qu'il avait eus sous la main lorsqu'il était jeune, et que les Eùropéens n'étaient pas encore parvenus à rompre les habitudes du pays.

On écrit avec de petits pinceaux en bambou et en poil de chat, très pointus, sur du papier de soie, en commençant à tracer les caractères, comme nous écrivons nos chiffres de haut en bas et en lisant du côté opposé au nôtre ; il faut donc ouvrir les livres à l'envers et commencer à lire par la fin. Dans leurs albums la première page serait la dernière selon nous ; on doit toujours feuilleter leurs livres de droite à gauche.

L'étude de l'annamite me plaisait beaucoup ; je m'en occupai continuellement, peut-être trop, puisque mon père me défendit pendant quelque temps de m'y livrer ; la défense n'y fit rien et la petite désobéissante travaillait la nuit en cachette dans sa chambre, quand personne ne pouvait la voir. Elle faisait même plus : elle alla jusqu'à apprendre la phrénologie, l'étude favorite de son père,

malgré l'aversion naturelle qu'on peut éprouver à tenir une tête de mort entre ses mains
et quoiqu'elle n'eût pas trop de temps libre,
étant investie du rôle de maîtresse de maison, du soin du ménage et de la confec-
tion de ses toilettes, comme on l'a vu plus
haut.

Il y avait une autre étude à laquelle on
pouvait se livrer facilement en Cochinchine;
celle-là était nécessaire, forcée, quotidienne
et plus ou moins agréable; je veux parler
de l'histoire naturelle. Ainsi, par exemple,
me voici dans ma chambre un soir d'orage,
pendant que la tempête gronde au dehors,
que la pluie tombe à torrents et que le vent
courbe et fait craquer les cocotiers et les
bambous d'alentour avec un sinistre fracas.
Je suis impressionnable et nerveuse à l'excès;
j'écris des caractères annamites avec mon
petit pinceau; mais ma pensée est ailleurs:
je rêve à l'Espagne, à la famille, je repasse
dans ma mémoire les scènes de ma vie, si
agitée déjà; tout à coup un joli papillon aux

ailes de velours, frêle comme une feuille de
rose que la brise emporterait dans les **airs**,
léger comme la fiue plume s'échappant de
l'aile du petit oiseau qui s'envole, va et vient,
passe et s'éloigne, s'approche et tournoie
autour de ma lampe. « Prends garde, beau
papillon, crois-tu que ma lampe soit une
jolie fleur que le soleil éclaire et réchauffe?
Veux-tu simplement me faire admirer ta
grâce et ta beauté, tes riches couleurs, tes
ailes d'or et la poussière de diamant qui
les couvre? Mais non! c'est la tempête et
la pluie et le vent qui t'ont chassé du jardin
et éloigné des fleurs; prends garde! tu cours
à ta perte; tu vas brûler tes jolies ailes! »

Hélas! je ne savais pas si bien dire; le papillon n'est pas brûlé, mais il est mangé, ce
qui ne vaut guère mieux et est peut-être plus
cruel; mangé par un *margouilla*.

Le margouilla ou *con-tan-lan* des Annamites
est une sorte de petit lézard gris-clair avec de
jolis petits yeux d'un noir très brillant; il y
en a en grande quantité dans les maisons; ils

se promènent partout; on en voit beaucoup au plafond, courant et faisant entendre leur petit cri de *chet-ché*, ce qui les a fait nommer par les Annamites *con-chet-ché*. On les laisse en paix, par ce qu'ils débarrassent les maisons des moustiques et autres insectes; cette petite bête aime beaucoup le sucre; ce soir-là le *margouilla* était venu se promener sur ma table et avait mangé le papillon qui venait de se reposer sur le sucrier placé non loin de ma lampe.

Ce n'était pas fini, cette soirée devait être la soirée aux aventures; j'allai me coucher. Il n'y avait pas longtemps que j'étais endormie, lorsque je fus réveillée par quelquechose qui semblait gratter sous mon oreiller.

Je me levai et me mis à rechercher ce que cela pouvait être; à force de chercher je trouvai un scorpion; on les appelle en Cochinchine *con-bo-cap*; il y en a de plusieurs espèces; quelques-uns ne sont pas très dangereux, mais le mien n'était pas des meilleurs; il avait une queue bien recourbée sur le dos et prête à l'attaque; il m'échappa et je me recouchai, non sans crainte, persuadée qu'il reviendrait probablement se réchauffer près de moi. Je fus réveillée au bout d'un moment par des piqûres fort douloureuses; j'étais sûre que c'était mon scorpion; il n'en était rien pourtant, j'avais affaire à un ennemi plus dangereux encore : les fourmis rouges (*con-kien-lua*); leur piqûre est si venimeuse qu'après avoir fait souffrir pendant plusieurs jours, elle laisse une place toute noire, comme si si l'on avait reçu un coup violent. Je m'enfuis dans le salon et j'allai m'étendre sur un canapé.

Le jour commençait à poindre, et comme il m'était impossible de dormir, je voyais avec plaisir les meubles et les objets se détacher et prendre une forme, à mesure que les ténèbres se dissipaient; j'entendais aussi avec plaisir la tempête se calmer, la pluie cesser et les gens de la maison aller çà et là. Tout à coup mes yeux tombèrent dans un angle de la pièce sur un *con-ram-mai-giam*, serpent annulaire très dangereux, qui se déroulait tout doucement, levait sa tête aplatie, en regardant de tous côtés et commençait à se traîner mollement sur le sol; sa longueur devait être de deux mètres à peu près; je courus au cordon de sonnette pour appeler, et ayant pris un bâton qui servait à fermer les fenêtres, je me mis à sauter de chaise en chaise et de fauteuil en fauteuil. Les domestiques arrivèrent bientôt heureusement et finirent par tuer le terrible reptile.

Il est rare de trouver un pays si bien assorti en toutes sortes d'animaux et surtout en fourmis. Cette petite bête abonde tellement que, lorsqu'on enterre un cadavre, au bout de très peu de temps, il ne reste plus que les os admirablement dépouillés de la chair et aucune autre bête n'y a touché que la fourmi. Elle s'introduit partout, dans le pain, dans les provisions. Pour empêcher ces invasions, on fait baigner les pieds des buffets et des garde-manger dans des vases remplis d'eau ou de vinaigre; elle traverse l'eau à l'aide du moindre grain de poussière qui se trouve dessus ; son odeur est forte et insupportable ; elle vous rend fou !

On ne peut faire un pas sans trouver des millions d'insectes de toutes les formes et de toutes les familles : des serpents, des grenouilles, des crapauds ; quand il pleut, on en voit partout ; les rez-de-chaussée sont envahis par ces animaux qui cherchent un abri contre l'orage et les pluies torrentielles de la colonie.

En Cochinchine, il y a six mois de pluies ; c'est ce qu'on appelle la mauvaise saison, et six mois de sécheresse ; c'est la belle saison. Pendant les premiers mois de la saison des pluies, dans le commencement, il se dégage de la terre une vapeur chaude et malsaine : c'est le moment des plus grandes maladies, des épidémies et des accidents causés par la foudre qui tombe souvent dans ce pays comme la pluie. Quand il pleut, les routes ne sont plus qu'une boue rouge qui tache le linge à la façon de la rouille ; cet inconvénient ne dure pas longtemps heureusement, car

le vent et les chauds rayons du soleil se
chargent de sécher vite les routes; après
un orage, on respire avec plaisir l'air frais
qui succède à la température étouffante d'auparavant; on est content de regarder le ciel
qui paraît avoir été nettoyé et les arbres
dont les feuilles sont devenues d'un vert
brillant et vif; tout respire une gaîté charmante, tout redevient d'une propreté sans
tache ; surtout lorsque le soleil luit et sèche
les rues de la ville.

Les pluies et les orages ne sont pas de
longue durée, mais ces phénomènes se repro-
duisent plusieurs fois dans la même journée;
ce qui n'empêche pas pourtant de sortir,
car on sait à peu près le moment où les
orages se produisent.

Les six mois de sécheresse sont agréables
parce que l'on est à l'abri de la pluie d'orage,
mais quand on sort, on est couvert de poussière ; alors on voit les voitures d'arrosage
circuler partout; mais l'eau ne peut pas toujours pénétrer la terre, elle ne mouille que

la superficie et les équipages passent en en-
levant des millions de petits paquets de terre
mouillée ; les voitures sont généralement dé-
couvertes ; les dames portent des vêtements
blancs ou de couleur claire, qui sont, comme
pendant les pluies, bientôt tout mouchetés
de petites taches roussâtres.

La ville de Saïgon est très pittoresque
avec ses jolies maisons entourées de parcs
et de jardins. La rue Catinat, que j'apercevais
depuis ma *vérandah*, est la principale et la
plus commerçante de toute la ville ; elle est
toute plantée de ces beaux arbres aux feuilles
fines, d'un vert sombre, répandant partout
leur ombre bienfaisante, qu'on appelle tama-
riniers. Le quai est une belle promenade, où
il y a le soir une grande affluence de monde
et de voitures de luxe. On peut y jouir du
spectacle intéressant offert par le fleuve que
tout le monde appelle rade de Saïgon et qui
est en effet assez large pour permettre aux
grands bâtiments de faire leurs évolutions sans
gêne ni danger. Sur le port on remarque

plusieurs maisons aux proportions grandioses, entre autres le *Cosmopolitan Hôtel* ou *maison Vantaï*, qui a trois étages ; c'est là qu'est établi le *cercle de l'Union*, le rendez-vous de toute la *gentry* coloniale.

Deux fois par semaine la musique militaire donne des concerts au jardin de la ville, belle promenade aux allées splendides où vont aussi les voitures ; les dames conduisent souvent à Saïgon comme à Paris, et je le faisais moi-même, toute fière de mes trotteurs qui avaient remporté le premier prix aux courses à deux reprises différentes. Le jardin botanique ne le cède pas en agrément au jardin de la ville ; M. Pierre l'a savamment arrangé et y a acclimaté une grande quantité de plantes rares et curieuses ; on y va voir une ménagerie très complète et des tigres royaux, qui sont les plus féroces du monde entier et portent la terreur dans l'âme par leurs terribles rugissemeuts qu'on entend dans tout Saïgon.

Le rond-point, un vrai cloaque à mon arrivée dans la colonie, était transformé en

square quand je revins de la maison de Chôlong, et on avait élevé un théâtre, très passable, à la place des vilaines paillotes qui se
trouvaient là; un vrai changement à vue et
un charmant décor !

Aux environs de la ville on va aussi voir
le tombeau de l'évêque d'Adran, Mgr Pignaux,
vicaire apostolique et chef de la mission sous
Louis XVI, roi de France, et sous Giâ-long,
roi d'Annam. Ce tombeau est admirable et
rappelle les souvenirs impérissables que cet
évêque laissa dans l'empire annamite; il mourut vers 1797, et Giâ-long consacra son chagrin et sa reconnaissance par un monument
qui est un magnifique tombeau; il est situé
non loin de Saïgon, tout près de la route de
Goviap; une enceinte entoure de ses murs ce
monument, qu'un gardien ouvre aux visiteurs;
des fresques dont les sujets sont étranges et
originaux y ont été peintes par les meilleurs
artistes annamites; une grande inscription
rappelle les titres et les hauts faits de
Mgr d'Adran, ainsi que le règne de Giâ-long,

un des plus illustres rois d'Annam, lequel, après un règne florissant, mourut en 1802.

Son fils Minh-Mang lui succéda; c'est alors que commencèrent les persécutions contre les chrétiens et les Français, même contre ceux qui étaient venus prêter leur appui à son père; ceux-ci furent forcés de s'en retourner en France. Sous le règne de son fils Thieu-Tri, les persécutions continuèrent. Thu-duc, le roi actuel, monta sur le trône en 1847; c'est sous son règne que l'Espagne aida la France à conquérir la Cochinchine en 1858.

On le voit, l'idée chrétienne est toujours mêlée à l'idée française, bon gré mal gré; aussi la colonie de Cochinchine occidentale est-elle une mission florissante; cette mission est entretenue par le séminaire des Missions étrangères de Paris, qui fournit des ouvriers apostoliques à une grande partie de l'extrème Orient, notamment en Annam, à deux provinces du Tong-kin et aux trois Cochinchines occidentale, orientale et septentrionale.

Les chrétiens annamites sont généralement bons; mais il faut avouer que la présence des Européens fait souvent du tort à ces pauvres gens! A mes yeux certains Européens sont plus sauvages que les sauvages et se conduisent plus mal que les plus mauvais païens, retardant ainsi les progrès de la foi dans un pays qui donne pourtant de si belles espérances. Je dois ajouter néanmoins que les désordres ne se passent guère qu'à Saïgon et dans la banlieue; dans l'intérieur, les choses sont sur un autre pied, grâce à l'ascendant des missionnaires.

Un grand contrepoids au mal, ce sont les établissements religieux. Le collège de Saïgon, fondé depuis l'occupation française, est un fort bel établissement, situé à deux cents mètres au-dessus du port de guerre. Il a coûté d'énormes sacrifices à la mission ; mais ces sacrifices trouvent déjà leur récompense, puisque cette maison abritait de mon temps cent vingt élèves qui étudiaient le latin et la théologie, pour se préparer les uns au sacerdoce, les autres aux fonctions de catéchiste, suivant leurs dispositions.

A vingt pas au-dessous du collège se trouve l'établissement de la Sainte-Enfance, qui est, avec le palais du gouvernement, le plus bel édifice de Saïgon. Il est destiné à recueillir tous les pauvres petits abandonnés de la mission. Des religieuses de Saint Paul de Chartres sont à la tête de cette maison. En face du collège, on a construit un monastère de Carmélites; il compte une trentaine de sœurs indigènes dirigées par quelques Françaises; le but de cette institution est de prier jour et nuit pour la conversion des infidèles. Enfin le collège d'Adran, tenu par les Frères des écoles chrétiennes, vient terminer cette magnifique série d'établissements qui rendent tant de services à la Cochinchine.

Les quarante ou cinquante missionnaires français de Cochinchine, aidés des prêtres indigènes, déploient tous un zèle admirable; il faut les entendre parler de leurs œuvres et de leurs travaux; ce sont des soldats! ils

en ont l'activité, l'entrain, la bonne humeur.
L'un deux, par exemple, nous disait un jour
ceci : « Je suis curé dans un grand village
situé au-delà du fleuve ; j'ai une église toute
neuve, qu'il ne s'agit plus que de couvrir,
plafonner, paver, crépir et orner ; c'est une
bagatelle, quand on a beaucoup d'argent
comme..... ceux qui en ont. Màis ! je vais
essayer d'être économe pour arranger mon
église comme je le veux.

« Je suis sans feu ni lieu, n'ayant pas une
pierre où reposer ma tête. Mais, patience !
on va [me construire une jolie maisonnette
à côté de l'église, avec un étage, s'il vous
plaît ! »

Comme on le voit, tout était à construire
et il ne possédait pas un sou vaillant ; malgré
tout, il continue sans se départir de sa
bonne humeur : « J'ai pour maître d'école
dans cette paroisse un ancien élève de Pinang
en Malaisie ; un jeune Annamite fort doux,
mais aussi très vaniteux, comme tous ses
compatriotes qui savent distinguer un *A* d'un

B. Il m'apprend sa langue, pendant que je lui serine l'alphabet français; nous finirons par nous entendre, je pense, même à l'église, où mon individu fait un vacarme infernal quand il veut chanter. Les Annamites ne savent pas chanter, ils en ont si peu l'habitude qu'ils peuvent à peine monter une petite gamme; malgré cela, quand j'entonne très haut, mon artiste se ferait plutôt crever que de s'arrêter; et alors je vous prie de croire que c'est beau! Vous vous tiendriez à quatre pour ne pas éclater.

« Je n'ai ni clocher ni cloches; on appelle les fidèles à l'église au son du tamtam ou d'une espèce de tambour qui jette l'effroi dans le cœur des plus déterminés. Aux moments principaux de la messe, ce sont ces deux instruments qui avertissent mes chrétiens : je saute en l'air, chaque fois, bien entendu! c'est impossible autrement!

«... Enfin, conclut-il, j'ai encore dans ma paroisse un grand couvent de religieuses

indigènes, appelées les *Amantes de la Croix*;
dès que je serai bien installé, mon premier soin sera de fonder une école de
filles, tenue par ces religieuses. » Fonder,
toujours fonder, fonder ici et fonder là, et
quand c'est fait, aller fonder ailleurs, à cent,
deux cents, trois cents lieues, telle est la
vie du missionnaire français jusqu'à sa mort!
Le repos pour lui est vraiment dans le
ciel!

On va en promenade de Saïgon en passant
par Chôquan, à la ville chinoise de Chôlong,
la plus grande ville de toute la Cochinchine;
elle compte plus de cent mille habitants et
est séparée de Saïgon par une distance de
cinq à six kilomètres. Sur tout le long de la
route, c'est une suite de jolis villages, de charmantes maisons de campagne et de grandes
pagodes qui servent de haltes quand on veut
se reposer.

Chôquan est à trois kilomètres de Chôlong;
la localité n'est remarquable que par son
hôpital, où l'on soigne toutes sortes de mala-

dies, des plaies, des ulcères, et, entre autres, la plus répandue des affections du pays : la lèpre.

Chôlong est le centre du commerce de la colonie ; les ventes de toutes sortes de produits dépassent tous les calculs possibles ; les rues de cette ville sont pleines de monde, et il y règne un mouvement et une gaieté admirables. *L'arroyo* du canal est constamment rempli de *sampans* annamites, de jonques chinoises et de bateaux de tous genres.

Cette ville possède d'immenses parcs de crocodiles ; on vend et on mange cette viande, qui n'est pas trop mauvaise ; les Annamites sont très adroits pour prendre le crocodile, auquel ils attachent la queue et les pattes sur le dos avec des baguettes de rotin.

Il y a là aussi un cercle, où les Chinois de haut rang se réunissent tous les jours, et un théâtre qui ne discontinue presque jamais de jouer nuit et jour.

J'ai déjà dit qu'à première vue il est impos-

sible de distinguer les femmes des hommes,
parce qu les uns et les autres sont vêtus
de la même manière. Tous laissent croître
leurs cheveux, qui flottent en liberté sur
les épaules ou qu'on roule en chignon au
dessus de la nuque. Une robe fendue de
chaque côté jusqu'à la ceinture couvre
le corps des épaules aux genoux; un très
large pantalon cache les jambes jusqu'aux
pieds qui sont toujours nus comme la
tête. L'Annamite a le front légèrement
déprimé, les pommettes des joues saillantes,
les yeux ronds, les lèvres assez grosses, un
nez épaté et une couleur équivoque, variant
entre le noir, le blanc et le jaune de cuivre.
Les femmes portent toutes des boucles d'o-
reilles en forme de clou à grosse tête et des
colliers d'ambre. Les païennes ont en outre un
cercle de fer, d'argent ou d'or sur les bras
ou les épaules. Le chapeau des femmes diffère
pourtant de celui des hommes : il ressemble
exactement à un fromage de Gruyère, il est
fait en feuilles de latanier, retenu sous le

menton par des cordelières et des glands de soie très longs. Une petite glace est placée au fond et permet de se regarder à son aise, chaque fois que la coquetterie le demande.

Entrerons-nous dans une case annamite des faubourgs de Saïgon? Si nous sommes un peu grands, plions-nous en deux sous peine de renverser le toit, car les maisons sont incroyablement basses. A peine avons-nous pénétré dans l'intérieur, que le maître du logis va prendre de belles nattes toutes neuves dans un coin, les étend sur une longue table dressée contre les parois de la hutte et nous engage à nous asseoir là-dessus. En même temps l'hôtesse apporte le thé, le bétel et la pipe domestique. On a déjà eu la notion du bétel, on sait ce que c'est que le thé, mais ce qu'on ne sait pas, c'est qu'il est servi dans des tasses à soucoupes et recouvertes d'un petit couvercle qui maintient la liqueur chaude où dans lequel encore on place des fleurs de jasmin pour donner du parfum.

Les naturels du pays ne peuvent faire un plus grand honneur à leurs visiteurs qu'en leur offrant le bétel, et ceux-ci ne peuvent faire plus de plaisir à leurs hôtes qu'en acceptant de bonne grace. Un quart d'heure après, vous avez l'avantage de cracher du carmin et d'avoir la langue pelée pour huit jours; ce dernier effet pourtant ne se produit que chez les novices, les Annamites n'éprouvant aucun inconvénient dans la mastication de la précieuse denrée qui leur donne une haleine très agréable et conserve leurs dents.

Après le bétel, la pipe. Je ne décrirai point cet instrument qui dans ses caractères fondamentaux est le même sous toutes les latitudes. En Cochinchine, dans chaque famille il existe une pipe qui est le domaine d'un chacun, même de l'étranger, quand il est là- Cette pipe passe de bouche en bouche, sans que l'Annamite y voie le plus léger incon_ vénient. Pour les Européens, c'est autre chose; en effet, comme les indigènes, à cause du bétel, ont toujours les lèvres imbibées de salive rouge, il s'ensuit que l'extrémité du tuyau de la pipe est rouge aussi, et..... une dame, même un homme très brave et très courageux, peut battre en retraite.

VI

MON MARIAGE

Réceptions et soirées. — Le monde de Saïgon. — Le roi Norôdom. — Voyage au Cambodge. — Les ruines d'Angkor
la Grande. — Je suis fiancée sans m'en douter. — Le
coupé mystérieux. — Quatre sacrements de suite. — Ma
poupée.

Ma vie, pendant ces premières années de mon
séjour en Cochinchine, s'était écoulée douce et
paisible, et j'avais toujours vécu seule entre
mon père, mes livres, mes vieux professeurs,
mes études, mes domestiques, mes pauvres et
les soins du ménage, je faisais de mon mieux
pour tout bien diriger; cette tâche, qui peut

paraître difficile pour une fillette de douze à quatorze ans, ne l'était pas le moins du monde pour moi; j'aimais tant mon vieux père que je m'étudiais à réprimer en moi ce qui pouvait lui faire de la peine. Mais cette existence paisible devait prendre fin, en revenant dans la capitale et à cause de la situation de mon père, et puis je devenais jeune fille et je commençais à être comptée pour quelque chose dans le monde; je ne tardai pas à m'en apercevoir lorsque je voyais des personnes très bien posées et d'un certain âge venir me voir et me rendre mes visites, comme si j'avais été leur égale en tout; j'avoue que cela ne laissait pas de me donner une certaine satisfaction.

Je fis donc à Saïgon la connaissance de plusieurs dames et jeunes filles européennes, ce qui fut pour moi un grand bonheur; je me souviens que, parmi les dames françaises, il y en avait une qui plus que personne appelait mon attention; cette personne, par ses belles manières, sa distinction, son charmant caractère et son élégance, faisait mon admiration. Son mari, M. des G..., procureur général, avait toute la sympathie de mon père, et moi, j'avais ainsi le plaisir de les voir très souvent. Parmi les dames étrangères, il s'en trouvait aussi deux que j'aimais beaucoup : la femme du consul anglais, une ravissante petite blonde, douce et bonne comme un ange ; et Mme S..., plus douce encore, tout aussi blonde, grande et belle personne ; cette dernière était mon idéal, et j'avais un vrai plaisir à l'entendre parler ; sa douce voix me pénétrait profondément ; son mari était alors consul de Suisse. Nous n'étions guère que trois jeunes filles dans toute la colonie ; une, Mlle de G..., se maria peu de temps après et sa vie fut aussi courte que celle d'une belle fleur. Il restait Mlle des S... ; malgré la différence de nos caractères, j'étais obligée de la voir souvent et de la rencontrer partout dans le monde ; elle avait alors vingt-deux ans, elle était très courte de taille, très brune, très plate ; sa figure, plus large que

longue, était ornée d'une bouche immense
qui laissait voir deux belles rangées de dents
blanches et bien placées ; un tout petit nez
recourbé, deux petits yeux ronds, d'un gris
jaune comme ceux d'une perruche, lui
donnaient une ressemblance étonnante avec
cet oiseau ; ajoutez à cela une voix perçante,
criarde et désagréable, et vous aurez
le portrait de cette extraordinaire jeune
personne.

De temps en temps mon père recevait, et
j'étais obligée de faire les honneurs de chez
moi ; je me souviens de quelques circonstances qui me rendirent bien malheureuse
parfois. Un ambassadeur, qui venait d'Espagne
et en l'honneur duquel mon père donnait une
réception, se plut un jour à me faire parler
dans toutes les langues que je connaissais ;
en espagnol, avec lui ; en français, avec les
autorités françaises ; en anglais, avec le consul d'Angleterre et en annamite avec deux
mandarins de la cour d'Annam qui se trouvaient là ; ce qui devait arriver arriva, je

finis par m'embrouiller dans toutes ces langues, et ma timidité et mon peu d'habitude du monde me firent tomber dans un si grand embarras que je crus un instant ne jamais pouvoir sortir de cette pénible situation ; enfin mon père, s'approchant sur ces entrefaites avec un personnage français, la conversation se rétablit dans la langue de celui-ci, ce qui me permit de reprendre mon calme et mon sang-froid.

Le lendemain de cette soirée, le gouverneur de Cochinchine, l'amiral D..., donna une grande réception au palais du Gouvernement. Toutes les personnes qui s'étaient trouvées chez moi la veille se trouvèrent réunies là avec tous les habitués du gouvernement. Je remarquai aussi Mlle des S... ; comme toujours elle avait réuni tant de couleurs et de garnitures dans sa toilette, qu'il était impossible de dire ce que c'était que sa robe ; plusieurs personnes affirmaient qu'elle ressemblait à un Arlequin. Le lendemain, mon père me conduisit faire quelques visites, et je rencontrai encore Mlle des S... Pendant que toutes les personnes qui étaient réunies là se mêlaient à la conversation générale, cette jeune fille restait silencieuse, et à tout ce qu'on lui disait elle répondait invariablement par un *oui* ou par un *non* ; deux jeunes officiers qui se trouvaient placés près d'elle lui parlèrent du bal de la veille, et un d'eux lui dit quelques mots qui parurent lui faire plaisir. Je n'avais rien entendu de ce qui avait été dit, mais lorsqu'elle fut partie, je surpris les deux amis causant : « Comment, mon cher, avez-vous pu lui faire tous ces compliments, lorsque vous-même vous avez dit au bal tout le contraire ? — C'est bien simple, cette pauvre jeune fille se croit très belle, et comme j'étais sûr que rien ne l'intéresserait, j'ai eu la charité de la distraire et de lui faire passer un moment agréable, en lui disant qu'elle était la perle du bal. Cela ne m'a pas coûté cher. » Vous le voyez: voilà pourtant le monde ! il est tout entier dan scette

petite scène. Mon père eut bien soin de me
le faire remarquer.

Quelque temps après, Norôdom Ier, roi du
Cambodge, écrivit à mon père pour lui faire
part de son arrivée à Saïgon et de son désir
d'aller voir Manille, en le priant de prévenir
à son tour le gouverneur de cette colonie.
Les ordres furent donnés en conséquence, et
Norôdom, après avoir accompli un assez long
voyage, revint enchanté de la réception que
le gouverneur espagnol lui avait faite; il
désira depuis avoir des musiciens de Manille;
mon père les lui procura avec plaisir. Aussi
le roi, à un autre voyage à Saïgon, lui remit-
il son ordre du Cambodge, et une princesse
me donna une très jolie bague en or avec un
magnifique diamant. Ces bonnes relations
nous engagèrent à faire l'excursion de rigueur
au Cambodge.

Le croira-t-on? cette excursion si intéres-
sante ne m'a pas laissé de grands souvenirs
ni des impressions durables. Je ne me rappelle
plus les détails : toutefois, je sais que, partis

sur un des paquebots qui commençaient alors à faire le service de l'intérieur, nous descendîmes vers la mer ponr remonter par le fleuve du *Mékong*, jusqu'à *Phnom-Penh*, capitale du Cambodge. Je me souviens vaguement que nous trouvâmes un magnifique pays, de grandes plaines boisées, une végétation exubérante qui encombrait les rivages du fleuve. Était-ce à l'époque des grandes pêches qui sont la principale industrie et le commerce du pays? Je ne sais, mais le fleuve, les rivières tributaires et les arroyos si nombreux dans ce pays exhalaient une odeur fétide et des émanations pestilentielles.

On passe à *Chaudoc*, ville située à l'extrémité septentrio-occidentale de la colonie de Cochinchine et célèbre par ses moustiques; un peu au-dessus, la largeur du Mékong s'accentue tellement qu'on peut compter sept kilomètres d'une rive à l'autre; on a franchi la frontière cambodgienne, on est arrivé à Phnom-Penh, la capitale de Norôdom.

La ville, autrefois uniquement composée de

cases en bambou, a pris depuis peu un petit cachet européen; on y voit des maisons en briques, et on y remarque surtout le palais du roi, qui ressemble à une des grandes et belles maisons de Saïgon; le harem est derrière et il occupe un terrain d'une étendue considérable. C'est toujours un lieu innaccessible, et bien entendu nous ne pûmes le visiter.

Grande animation dans les rues de la ville; les hommes n'ont plus la longue robe des Annamites; ils vont presque nus avec un *sarrong* ou un simple langoutis pour tout vêtement; les femmes portent un jupon court et jettent une écharpe voyante sur leur poitrine; sur le sommet de leur tête on aperçoit la houpette siamoise et la fleur blanche du frangipanier; on sent une autre civilisation, d'autres usages, d'autres mœurs.

Après avoir reçu un excellent accueil dn roi qui voulut donner en notre honneur une représentation théâtrale, et fit exécuter devant nous es danses des grandes fêtes, mon père,

toujours avide de voyages et de nouveautés
poussa à travers les lacs des environs jusqu'à
la limite du royaume de Siam, où il voulait
visiter les ruines d'*Angkor*.

Je suivis mon père dans ce petit voyage,
qui ne dura que quelques jours et où il me
fut donné de voir les choses les plus étonnantes et les plus fantastiques que l'on puisse
imaginer. Les ruines *khmers*, dont on ne parlait pas il y a vingt ans, il faut aller les
chercher au fond des forêts vierges de
l'Indo-Chine au milieu de fouillis inextricables de verdure et de lianes. Elles confondent
l'imagination; elles renversent les données
vulgaires : c'est plus que l'architecture grandiose de Memphis ou de Ninive; c'est plus
que les vastes pagodes de l'Inde ou de la
Chine ; la ligne droite existe à peine ici ; voici
bien l'ornementation compliquée et tourmentée; un travail séculaire et gigantesque.

On comprend sans peine que ma petite tête
d'adolescente n'y ait rien entendu; mais
pourtant, là où nous pûmes aborder sans dan-

ger, et dans le peu que nous vîmes, je restai
confondue et frappée d'admiration. Une surface de seize kilomètres carrés ; des murailles
de neuf mètres de haut ; un immense fossé,
avec des ponts dont les parapets sont portés
par des centaines de géants de pierre et ter-
minés par deux énormes dragons à sept têtes ;
des portes triomphales soutenues par douze
éléphants de granit et couronnées par la
quadruple et colossale tête de Brahma, coiffée
de la triple tiare ; des palais aux toits élancés,
des pagodes étincelantes, des pièces d'eau à
l'aspect sombre et à la surface tranquille, des
colonnades et des galeries sans fin, des pyramides énormes, des flèches et des clochetons
répandus à profusion : telle est Angkor-la-
Grande, tels sont les chefs-d'œuvre de l'art
khmer maintenant si peu connu et qui peut riva-
liser avec les chefs-d'œuvre de l'Égypte et
de la Grèce.

A notre retour, quand nous fûmes un peu
reposés de nos fatigues, mon père désira faire
un voyage en Chine ; mais un événement bien

triste vint nous empêcher de mettre nos projets à exécution : ce fut le naufrage d'un navire espagnol nommé *Cuatro amigos;* il se perdit au cap Saint-Jacques, par un très mauvais temps. Le consul d'Espagne demanda du secours au gouvernement, qui mit à sa disposition le bateau appelé le *Coëtlogon.* Les officiers montrèrent beaucoup de dévouement ainsi que l'équipage, et on secourut mes pauvres compatriotes de la meilleure manière possible. Mon père recommanda au gouvernement espagnol les officiers français qui s'étaient distingués en cette rencontre, et plusieurs furent décorés à sa demande et par ses soins.

Le temps s'écoulait, et je grandissais, j'avais quinze ans. J'étais très heureuse d'un côté il est vrai ; mais, malgré toute l'attention, toute la tendresse, tout le dévouement de mon père à mon égard, il y avait incontestablement un vide dans mon existence, et bien des fois je pensais au bonheur des enfants qui ont leur mère ; j'ai bien souffert et j'ai bien senti l'absence d'une mère chérie! parfois mon cœur débordait et j'éprouvais un besoin indicible de verser toute mon affection et toutes mes pensées dans un cœur ami, qui me comprît, qui me consolât, qui me fortifiât; autour de moi je n'avais personne, et mon père, que j'aimais, que je respectais, que je vénérais, — je le savais d'avance, — n'eût compris ni ma souffrance, ni ce besoin d'épanchement; il eût peut-être traité cela de faiblesse et d'enfantillage.

J'étais une jeune fille, mais il me fallait avoir la force, l'énergie et le caractère d'un jeune homme; je montais à cheval du reste comme un écuyer, je tirais le pistolet comme un garçon et j'étais même chargée de l'entretien des armes de mon père; de plus, je remplissais souvent les fonctions de secrétaire et je devais ranger sa correspondance particulière.

Un jour donc que j'étais en train de classer ses papiers, j'aperçois une liasse de lettres, bien serrée il est vrai, mais qui ne me paraissait pas en ordre ; je détache cette liasse et je m'apprête à tout bien ranger, lorsqu'en lisant les dates et les signatures, je remarque qu'il était fortement question de moi dans toutes ces lettres ; la curiosité me prend et je poursuis sans réflexion ; tout à coup je me sens pâlir et je me trouve mal un moment ; je fais un effort sur moi-même et me remets à lire cette correspondance. De la surprise, je tombai dans l'étonnement, de l'étonnement dans la stupéfaction, et je ne sais vraiment pas par combien de sensations différentes je passai dans un si court espace de temps.

Qu'était-ce donc que cette correspondance? Rien de bien sérieux pour personne, mais quelque chose de très sérieux pour moi : je venais d'apprendre que j'étais fiancée depuis plusieurs années ! En effet, mon père, craignant de succomber à ses infirmités et de me laisser seule et sans soutien dans un pays si éloigné, m'avait fiancée à un jeune gentilhomme espanol, qui était lui aussi dans la carrière diplomatique. Le vicomte de *** ne m'était pas inconnu, et mon père surtout l'avait vu tout petit enfant; aussi il éprouvait pour ce jeune homme une grande affection qui le rendait aveugle pour ses défauts. Il ne voyait en lui au contraire que qualités et avantages. M. le vicomte de *** était du reste un charmant garçon, loyal, franc, brave jusqu'à la témérité, dévoué et bon pour tous ses amis; il avait de plus un avenir très brillant, une belle fortune et un beau nom; il joignait à cela une beauté et une distinction vraiment remarquables. Aussi je voyais bien par cette correspondance que ni mon père ni lui n'avaient le moindre doute, ni la moindre crainte au sujet de mon refus et de mon peu de sympathie pour l'intéressé; tout était arrangé pour mon futur mariage, comme je venais de le lire dans une lettre. M. de *** devait arriver par le prochain paquebot qui venait de la Chine et du Japon et qui s'arrête à Saïgon. M. de *** devait s'arrêter quinze jours dans cette ville, conclure le mariage et emmener sa femme en voyage avec lui! Que faire, mon Dieu?

Je tremblais de tous mes membres et j'avais
à peine la force de me tenir assise dans le
fauteuil où je me trouvais ; ce fut alors surtout
que je sentis plus que jamais le vide autour
de moi et le manque d'une amie à qui je pusse
me confier. Lorsque mon père revint, il remar-
qua ma pâleur et l'émotion à laquelle j'étais
en proie ; il devina tout, car il me dit : « J'avais
laissé à dessein une liasse de papiers qui date
depuis quelques années et que tu n'avais jamais
vue, parce que l'heure n'était pas encore arrivée ; je vois que tu es au courant et que cela
te cause une grande émotion ; mais je suis sûr
que tu dois être enchantée de faire un si beau
et si brillant mariage ! » Je sentis que je n'avais
rien à dire, et que pour le moment il me fallait
prendre patience et me résigner. Trois jours
me séparaient encore de l'arrivée du vicomte ;
ces trois jours furent comme trois siècles
pour moi. Enfin le jeune vicomte tout joyeux
arriva, il fut frappé de ma pâleur et de ma
tristesse, au point qu'il devint lui aussi à son
tour triste et pensif.

On nous avait laissés seuls ensemble un moment; je rassemblai toutes mes forces pour exprimer une pensée; il me serait bien difficile de me souvenir comment nous entrâmes en conversation, mais ce qui est présent à ma mémoire c'est que j'affirmai à M. de *** que notre mariage était aussi impossible que si je me trouvais dans la lune, et je le priais de dire à mon père que nos caractères ne pouvaient pas sympathiser ensemble. Cet aveu parut l'étonner fort, car il devint pâle comme la mort, et il me dit qu'il était bien loin de s'attendre à ce triste dénouement.

Mon père arriva presque sur ces entrefaites, et j'en profitai pour me sauver dans ma chambre; le vicomte, désespéré, s'en alla dans le jardin, tête nue, en plein midi, sous un soleil de plomb. Moi, dans ma chambre, je me mis à pleurer, sans savoir le motif de mes larmes, et lorsque mon père me questionna, je fus forcée de lui dire ce que je pensais; il vit bien que ce mariage était impossible et il en fut bien attristé et bien peiné. Le lendemain mon fiancé partit pour l'Espagne; je sus peu après qu'il donna sa démission; et en effet jamais depuis personne ne put découvrir ses traces.

De mon côté je pris plus que jamais la résolution de me faire religieuse, car ce genre de vie avait pour moi d'ineffables attraits; comment m'arranger pour mettre mon projet à exécution, puisque mon père s'y était opposé et que je n'avais même pas fait ma première communion? C'était bien difficile et même impossible; mais plus mon père s'efforçait d'écarter cette pensée et plus ma résosolution devenait puissante; d'autres partis sortables se présentèrent et je répondais invariablement : Non, je ne veux pas me marier !

Cependant quelques semaines après, mon père étant tombé malade me fit appeler et me dit: « Mon enfant, je vois que je ne dois pas vivre longtemps, et pour toi cela me tourmente fort; je ne veux pas que tu entres dans la vie religeuse et cependant je ne veux pas te laisser seule dans ce monde; je désire que tu te maries aussitôt que je te présenterai un

un parti convenable ; et puisque tu soupires
après le moment de ta première communion,
je te promets, de mon côté, de te la faire
faire aussitôt que tu auras signé ton contrat
de mariage, »

Je finis donc par consentir à tout pour faire
plaisir au pauvre malade ; les événements du
reste allaient se précipiter.

Quand la santé de mon père se fut rétablie,
nous pûmes sortir ; un jour, lorsque nous ren-
trions chez nous, je m'aperçus qu'une voiture
de maître attelée de deux petits chevaux était
à nous attendre dans le rond-point de Saïgon ;
je remarquai aussi dans cette voiture deux
jeunes officiers ; quand ils virent notre voiture passer, ils firent signe à leur cocher de
partir au grand trot derrière nous.

Ce n'était un secret pour personne que
l'affection profonde que j'avais pour mes chevaux, affection pleine d'orgueil, car les nobles
bêtes avaient gagné à deux reprises différentes
le premier prix aux courses. Aussi je ne per-
mettais pas que personne dépassât mes che-

vaux, même pendant la promenade; je donnai moi aussi des ordres à mon cocher, et une lutte terrible s'engagea entre ma voiture et celle des deux inconnus; nous prîmes une route en réparation et par là même très mauvaise; je gagnai la partie, au grand plaisir de mon père qui s'était prêté à ce caprice d'enfant gâtée. Pour moi j'avais un regret, c'était de n'avoir pas bien regardé les deux officiers qui avaient voulu nous dépasser; j'aurais désiré dans mon mécontentement les punir d'une façon quelconque; — une femme trouve toujours quelque chose, et j'aurais pu par exemple ne jamais danser avec eux au bal du gouvernement. — Le lendemain, deux inconnus se présentèrent à la maison; je les vis entrer et parler un moment à mon père, puis partir; je connus plus tard l'objet de leur visite : les deux officiers venaient s'excuser de l'accident arrivé la veille, en disant que leurs chevaux avaient pris le mors aux dents, et que malgré tous leurs efforts, il avait été impossible de les arrêter. Malgré cette démarche

aimable, je leur en voulais bien fort et je
ne pouvais me consoler de ne pas savoir leur
nom et de ne pouvoir les reconnaître, lorsque
le hasard nous mettrait en présence les uns
des autres.

Un certain soir, à la promenade encore, je
rencontrai un joli coupé de couleur sombre,
attelé de deux chevaux noirs; dans l'attelage
tout était noir et argent; ce qui dans un pays
comme celui-là ne pouvait manquer d'appeler
l'attention de tout le monde; le cocher et le
groom avaient une livrée blanche et rouge.
Ma curiosité était piquée au plus haut point
et j'eusse encore bien désiré savoir à qui ce
coupé pouvait bien appartenir.

Une fois cependant je me décidai à regarder dans l'intérieur du mystérieux coupé et
je vis un jeune homme blond, assis paresseusement sur les coussins noirs, où il se
détachait d'autant mieux qu'il était entièrement vêtu de blanc. D'une main il jouait avec
un lorgnon, et de l'autre il frisait gravement
sa fine moustache.

Je le rencontrai de nouveau un autre jour et je finis par m'y habituer, car tous les soirs nous croisions le même coupé et le même jeune homme ; cela dura plus d'un an.

La saison des pluies arriva ; j'étais un soir à étudier mes caractères chinois et parfois j'étais obligée de m'arrêter, tant le temps devenait sombre ; par instant je regardais au dehors la pluie tombant à torrents, et les allées de la rue disparaissaient sous une nappe d'eau rougeâtre. Quelle ne fut pas ma surprise lorsque je vis une élégante voiture entrer dans le parc ! Elle s'augmenta encore quand je vis descendre de cette voiture le général de T... commandant en chef les troupes de Cochinchine. Je me disais qu'il fallait une chose bien urgente pour obliger ce personnage à se déranger par un temps pareil ; aussi cela ne laissa pas de m'intriguer fortement, et lorsqu'il fut parti, j'observai la figure de mon père avec attention pour voir si je n'y découvrirais pas quelque chose d'extraordinaire. Son air sérieux et grave ne me laissa rien deviner. Le surlendemain, je vis arriver le gouverneur, commandant en chef de la colonie, qui eut un long entretien avec mon père ; puis, les jours suivants, je vis ce dernier aller, venir, sortir et paraître très préoccupé. Enfin mon père m'annonça un beau matin que le gouverneur et le général de T... venaient me demander en mariage au nom d'un jeune capitaine d'infanterie de marine, inspecteur de Chôlong et administrateur des affaires indigènes. Il me dit aussi qu'il avait pris tous les renseignements possibles, et il résultait de tout cela que ce jeune officier était irréprochable sous tous les rapports, un fils modèle et un frère excellent. Mon père finit en disant que ce monsieur ne pouvait faire qu'un excellent mari, qu'il avait accepté cette demande pour moi, et qu'il avait permis au général de T..... de l'amener en visite le lendemain. Je ne dormis pas une minute de la nuit, tant j'étais impressionnée et préoccupée. Le moment solennel arriva et je vis entrer dans le jardin le mystérieux et sombre coupé que j'avais tant de fois eu l'occasion de rencontrer; le général de T....., accompagné d'un jeune officier français, descendit de la voiture; et un moment après ils arrivèrent dans le salon où je me trouvais en compagnie de mon père; la visite fut très courte et on ne parla que de choses banales. À partir de ce moment, je fus fiancée et on ne s'occupa plus que de mon mariage et de ma première communion. La mère supérieure des sœurs de Saint-Paul de Chartres de la Sainte-Enfance, se chargea de mon instruction, en compagnie de l'aumônier du couvent. J'étais bien heureuse à la pensée de faire cet acte tant désiré et tant attendu depuis plusieurs années.

Mon fiancé venait tous les soirs et s'entretenait longuement avec mon père, puis me disait quelques mots en annamite, et souvent nous cherchions ensemble à traduire des caractères chinois; il ne manquait jamais de m'apporter un bouquet splendide, car il savait que j'aimais beaucoup les

fleurs; j'avais enfin appris de lui le nom des
deux officiers qui m'avaient tant irritée,
il y avait un an; j'en connaissais au moins
un, on devine lequel. Quelque temps après,
je signais mon contrat de mariage et je faisais ma première communion dans la jolie
chapelle de la Sainte-Enfance de Saïgon :
Mgr C., vicaire apostolique de Saïgon, dit la
sainte messe, et me confirma, et la supérieure du couvent fut ma marraine de confirmation.

Je ne pourrais jamais dire jusqu'à quel
point cette cérémonie m'impressionna, et
combien ce jour fut à jamais gravé dans ma
mémoire! Mon mariage eut lieu à quelques
jours de là et tout s'accomplit si vite, que ce
fut par dépêche télégraphique que les parents
de mon fiancé envoyèrent leur consente-
ment.

Comme il n'y avait pas de couturière capable de faire ma toilette de mariée, je dus
la confectionner moi-même. Je fus obligée
de travailler à cela, renfermée dans un lit

immense dont le fond était collé au plancher
et le tout entouré d'une grande moustiquaire;
de cette façon les moustiques, les mouches
et les insectes de toutes sortes ne pouvaient
ni abîmer, ni tacher le joli satin broché ni
la fine gaze qui devait composer la toilette du
grand jour.

Il arriva ce jour; le 12 janvier 1875, par
une belle après-midi, je quittai la maison
paternelle avec tout le cortège pour aller à
la mairie d'abord et à l'église ensuite.

Au moment où je mis le pied sur le seuil
du lieu saint, la musique militaire se fit entendre; la cathédrale était littéralement
pleine de monde, et au dehors plusieurs files
d'équipages remplissaient les rues. Une très
grande partie des Chinois et des Annamites
de Chôlong étaient venus assister à la cérémonie. Le corps diplomatique y était tout entier
en uniforme de gala; le gouverneur, son
état-major et tous les officiers de marine, le
général et les officiers d'infanterie de marine,
les Chinois et les Annamites en grand cos-

tume, et les dames européennes offraient un brillant spectacle que des milliers de bougies allumées faisaient ressortir d'une manière admirable.

Combien j'étais encore enfant! en revenant de l'église à la maison de mon mari qui était désormais aussi la mienne, ce fut avec un extrême plaisir qu'en entrant dans ma chambre, j'aperçus sur une table ma chère et bien-aimée poupée! je fus si heureuse de la retrouver là dans cette maison immense, pleine de domestiques inconnus, que, sans penser à enlever ni ma couronne ni mon voile, je quittai précipitamment le bras de mon mari pour courir embrasser la compagne de mes jeux; mon mari, qui était la bonté et la délicatesse même, avait désiré que je retrouvasse dans ma nouvelle demeure *quelqu'un* que j'aimais depuis mon enfance; il savait combien cette poupée m'était chère, et il l'avait fait prendre la veille par une ordonnance, chez mon père. Ma femme de chambre, qui devait se marier elle aussi, avait retardé son mariage pour rester avec moi encore quelques mois dans ma nouvelle maison; ce fut elle qui vint m'aider à changer de toilette.

Nous devions avoir grand dîner et grand bal; l'inspection était toute resplendissante de fleurs et d'arbustes rares. Entre ces fleurs et les magnifiques arbres du parc, on avait disposé artistement des lumières vénitiennes, et le soir on aurait cru se trouver dans un palais de fée. Toute la ville chinoise de Chô-long était illuminée et pavoisée. On faisait brûler çà et là des bois odoriférants qui embaumaient l'air; le ciel était superbe; tout respirait la joie; les pauvres n'avaient pas été oubliés, et même plusieurs condamnés à mort furent graciés; je crus donc que le bonheur, la paix et la joie, désormais, seraient peut-être mon partage; je m'étais bien promis du reste de rendre tout le monde heureux et content autour de moi.

Le lendemain de notre mariage, les notables

chinois de Chôlong nous offrirent un dîner splendide et une réception grandiose; ce fut la première à laquelle j'assistai, depuis que j'étais dans ce pays : aussi je me rendis avec plaisir à ce curieux dîner, où je savais être l'unique femme, car les Chinoises, pas plus que les Annamites, ne sont admises à la table de messieurs leurs maris ou leurs parents; la femme vivant cachée, doit manger dans ses appartements intérieurs.

Tout était si bien organisé qu'on aurait cru lire un conte des *Mille et une nuits*. Deux tables avaient été servies : une avec des mets d'Europe, et l'autre uniquement avec des mets chinois et annamites. Il n'est pas besoin de dire que j'aurais préféré les mets d'Europe, mais la politesse m'obligea à faire le contraire de mes goûts. Je fus placée à côté du plus grand mandarin, et celui-ci, selon la politesse chinoise, prenant dans son assiette, mettait dans la mienne ce qui lui semblait le meilleur à l'aide des petits bâtons. Je ne pourrais énumérer la profusion de plats dont ce dîner était composé;

ce dont je me souviens, c'est que le potage **fut**
au nid d'hirondelles; nous mangeâmes aussi
de la trompe d'éléphant, du filet de caïman
(con-khy-da), du serpent à la saumure qui
répand une odeur infecte et que les Annamites
nomment *nuoc-mam*, eau salée; je crus manger
des œufs de poisson, et on me dit ensuite que
c'étaient des œufs d'une certaine araignée très
rare et très recherchée. Les fruits en retour
étaient délicieux; c'est là que j'appris la
recette d'un entremets que je trouvai exquis
et que je fis souvent dans la suite manger à
mes amis d'Europe : c'est la soupe mandarine.
Lorsque le dîner fut fini, nous passâmes dans
un salon, où l'on donna une pièce de comédie
chinoise jouée par les meilleurs acteurs de ce
pays, accompagnée de tours de prestidigitation
chinoise, de tours de force et d'une bruyante
musique.

VII

VOYAGE DE NOCES

Vinh-Long. — Jeux et divertissements. — Tayninh. — L
montagne et la légende de la Dame noire. — Les cha
et les tigres. — Histoire d'une Chinoise. — Ré volte
Chôlong. — Un nouveau Simon le magicien. — Joie
maternelles.

Ce fut vers le mois de février que nous
entreprîmes, mon mari et moi, un voyage
dans l'intérieur de la Cochinchine; ce voyage
me souriait assez, car je n'étais guère sortie
de Saïgon et je savais fort bien que celui qui
n'a vu que cette ville ne peut avoir une idée
complète de la colonie; nous partimes à bord

d'un joli bateau à vapeur pour parcourir le pays.

Vinh-Long me plut beaucoup à cause de ses belles rues pittoresques et ombragées par de magnifiques cocotiers. Cet arbre élégant balance majestueusement sa tête panachée et fait briller aux rayons du soleil le vert éclatant de ses palmes flexibles entre lesquelles on aperçoit son beau fruit, qui offre au voyageur altéré une liqueur rafraîchissante. Notre voyage coïncidait avec le jour de l'an annamite; aussi, en raison de cette fête et en l'honneur de notre arrivée, il y avait partout des jeux de toutes sortes, des feux d'artifice et des amusements dont je vais dire un mot. L'inspecteur de Vinh-Long était un ami intime de mon mari; il nous reçut avec la plus aimable cordialité; l'inspection possédait une belle maison à vérandah, il y régnait un très grand calme et une tranquillité parfaite. Nous eûmes une belle chambre, où nous étions très à l'aise; des têtes de crocodiles bien conservées ornaient l'entrée de notre habitation, et lui donnaient un aspect étrange.

Vinh-Long fut un des endroits où je m'amusai le plus, à cause de la variété des jeux qu'on y donna pendant le temps que j'y restai. Il y eut des courses en sac, des jeux de volant que les Annamites lancent avec les pieds en déployant une adresse extraordinaire. On donna des représentations théâtrales; les Annamites y font un tapage infernal avec leur tamtam et leurs cymbales; les acteurs gesticulent, en vociférant et criant des choses dont souvent ils ne savent pas le sens véritable. La foule ébahie contemple et applaudit les acteurs, et elle est ravie, lorsqu'elle comprend par ci par là un mot ou une phrase qui la met au courant de ce qui se passe sur la scène. Parmi tous les jeux, celui qui m'amusa le plus ce fut la course à la bête de saint Antoine; on avait jeté dans la rivière plusieurs de ces animaux et on avait graissé leur queue petite et mince; des Annamites devaient se jeter à la nage et ramener la bête sur le bord de la rivière; mais la grande difficulté consistait en ceci : il était expressément défendu de toucher un autre endroit que la queue; celle-ci glissait facilement entre les mains des indigènes; de là une lutte enragée.

Nous quittâmes Vinh-Long au milieu des fêtes; nous allâmes faire une visite à plusieurs missionnaires qui se trouvaient dans une presqu'île sauvage, non loin des frontières du Cambodge. Cette zone est aride et presque inexplorée; on manque de tout absolument dans ce terrible pays; aussi pendant le temps que nous restâmes là, les missionnaires nous donnèrent ce qu'ils avaient de meilleur; on aurait de la peine à s'imaginer quoi : c'étaient des jambons de tigre, des saucissons de tigre et des filets de tigre, le plus abondant de tous les gibiers de ces contrées.

De là nous allâmes à *Tayninh* en nous arrêtant d'abord à *Thu-dau-mot*, où nous passâmes vingt-quatre heures pour nous reposer; là aussi nous entendions *monsieur le tigre* (comme disent les Annamites), passer et se promener dans le jardin de l'inspection.

Nous arrivâmes à Tayninh, par un très mauvais temps et la nuit la plus sombre qu'on puisse voir; il est vrai que la foudre s'était chargée de nous éclairer de temps à autre. Nous étions dans une barque annamite assez grande et assez propre, car on venait de la peindre; les yeux immenses dont elle était ornée à la proue brillaient comme s'ils avaient été véritables; les Annamites peignent toujours ainsi sur l'avant de leurs barques et bateaux de magnifiques yeux; c'est dans l'espérance que leurs embarcations verront mieux leur chemin et ne feront point naufrage; peut-être est-ce encore pour faire peur aux crocodiles et aux méchants animaux dont les fleuves et rivières regorgent; enfin, ce qui est à remarquer, c'est que jamais barque annamite ou chinoise n'est venue au monde aveugle!

Un peu plus loin nous prîmes une voiture conduite par un bœuf; au fond de cette voiture non suspendue, il y avait un petit matelas où l'on pouvait s'installer tant bien que mal.

Après mille secousses et mille cahots, à la lueur des éclairs, nous arrivâmes à l'inspection où fort heureusement nous pûmes nous reposer. L'inspecteur, autre ami de mon mari, nous avait fait arranger une chambre au premier étage; nous en prîmes possession avec empressement, car nous étions moulus. En réalité, ce qui servait de matelas et de traversin avait été rempli avec des cailloux qui abondent dans la province, de Bienhoa; mais je me résignai de mon mieux je finis par m'endormir profondément. Je dormais depuis un moment, lorsque je fus éveillée en sursaut par un bruit terrible, dont je ne pouvais me rendre compte dans mon demi-sommeil; le même bruit s'étant répété plusieurs fois, je finis par me réveiller complètement et pris le parti de me lever. Le jour commençait à se faire, je pus me rendre compte du mystère qui m'intriguait. Sous ma fenêtre se trouvaient deux énormes éléphants, qui saluaient le soleil par des cris formidables, auxquels répondaient les tigres et les panthères qui étaient renfermés dans d'énormes cages un peu plus loin. Je fus surprise d'apercevoir près de là de magnifiques montagnes, une surtout qui s'élevait au-dessus des autres majestueusement ; les arbres qui les couvraient les coloraient en vert sombre et les faisait admirablement se détacher sur le fond orange et azur du ciel matinal. Cela était si beau et si poétique que j'oubliai toutes mes fatigues pour ne plus penser qu'au paysage et aux histoires et légendes dont les montagnes que j'avais sous les yeux étaient l'origine.

En effet j'avais devant moi la montagne de la *Dame noire*, en annamite *Nui-ba-dinh*, le nom seul aurait pu faire rêver un esprit moins rêveur et mélancolique que le mien ne l'était parfois ; aussi je me plus à me représenter et à animer tous ces fantômes qui jadis avaient hanté ces lieux redoutables ; je voyais déjà la mystérieuse dame, enveloppée de voiles noirs, parcourir solitaire les retraites et les

forêts; je la considérais dévorée par une soif
ardente demandant aux dieux de ces retraites
de la délivrer d'une telle souffrance; ceux-ci
prenaient alors pitié de la malheureuse et
faisaient jaillir d'un rocher une source d'eau
claire, où le voyageur altéré peut encore se
rafraîchir et se reposer.

Telle est la légende de Nui-ba-dinh; mais
on la met sur le compte d'un bonze célèbre
par sa sainteté et non d'une femme. Arran-
gez cela!

Nous restâmes huit jours dans ce pays et
nous allâmes voir la pagode et la source de
Nui-ba-dinh; ce fut là qu'un bonze me raconta l'histoire suivante :

Après m'avoir donné des renseignements
et répondu à mes questions au sujet de
divers animaux qu'on trouve dans les alentours, il me dit : « Un savant de l'antiquité
nous a laissé des histoires fort curieuses à
propos des animaux; la sagesse et la sainteté
de ce personnage ne nous permettent pas
de douter de la vérité de ce qu'il a écrit

là-dessus ; voici ce qu'il nous dit lui avoir été révélé par les dieux à propos des tigres et des chats : au commencement du monde les tigres étaient cousins germains des chats ; une grande amitié liait cette terrible famille, que les autres animaux étaient jaloux de voir si unie et par conséquent si puissante. Mais comme dans cette vie il n'y pas de bonheur parfait et d'amitié éternelle, la jalousie vint mettre le désordre dans cette belle famille ; il arriva donc qu'une fois les tigres remarquèrent l'adresse des chats pour monter et grimper aux arbres les plus hauts ; ils furent jaloux de voir leurs cousins doués de cette qualité qu'ils ne possédaient pas eux-mêmes ; comme ils étaient les plus forts, ils décidèrent qu'ils obligeraient les chats à leur montrer la manière de bien grimper, et si par malheur ces derniers refusaient de leur rendre ce service, ils juraient de les exterminer tous ! Un chat qui n'était pas loin entendit cette conspiration ; il fut épouvanté et alla prévenir ses semblables ; ceux-ci tinrent conseil, et ce qui en résulta, c'est qu'ils s'enfuirent, et allèrent habiter parmi les hommes; c'est ainsi qu'on explique la haine qui existe entre les chats et les tigres leurs cousins.

Nous revinmes à Chôlong; malgré tout le plaisir que j'avais eu, je n'étais pas fâchée de rentrer chez moi; j'avais hâte aussi d'embrasser mon pauvre père, que je venais de quitter pour la première fois de ma vie.

A la maison, je voulus que tout continuât comme au paravant, sauf pour les domestiques que je réduisis de moitié à peu près; ce qui m'en faisait encore quinze à gouverner. Ma femme de chambre annamite se maria, et je pris une Chinoise qui sortait du couvent de la Sainte-Enfance; cette jeune fille avait une si curieuse histoire que je ne puis la passer sous silence.

Maria était née en Chine de parents païens et pauvres; comme dans ce pays on vend parfois les enfants pour deux ou trois francs ou qu'on les échange contre n'importe quel objet, surtout si c'est une fille, étant venus à

Saïgon les parents de notre bonne Maria la vendirent à une indigne femme pour une méprisable somme d'argent. Cette femme l'éleva, et lorsque l'enfant put lui gagner quelque chose, elle l'obligea à faire le plus abominable des métiers; la jeune fille s'échappa une fois, mais elle fut prise et punie rudement; aussi elle prit le parti de se tuer, pour se délivrer d'une vie aussi épouvantable; elle saisit un couteau et se coupa la gorge; fort heureusement la blessure put être guérie, mais l'implacable maîtresse voulut regagner ce qu'elle avait perdu; la terrible existence allait recommencer, quand une idée traversa l'esprit de la pauvre enfant : elle s'enfuit et alla supplier le sœurs de Saint-Paul de Chartres d'avoir pitié d'elle et de la garder. L'enfant fut baptisée, elle resta dix ans dans le couvent dont elle sortit pour venir chez moi; elle était alors une très adroite femme de chambre, dont je n'eus qu'à admirer les vertus et les belles qualités.

J'étais heureuse d'avoir de bons domestiques, car je prévoyais l'arrivée d'un cher petit enfant dans la maison; d'un autre côté, cette pensée ne laissait pas que de me tourmenter; n'ayant jamais eu d'enfants autour de moi, je me demandais comment j'allais pouvoir lui donner les soins nécessaires et l'habiller; je n'avais pas de mère qui pût m'éclairer là-dessus. J'écrivis donc une longue lettre en France à ma belle-mère, la priant de vouloir bien me donner tous les conseils dont son expérience la rendait capable, et de m'envoyer une layette complète et un poupon tout emmailloté et de la grandeur d'un vrai petit enfant; trois mois après je reçus la réponse bien détaillée, la layette et tout ce dont je pouvais avoir besoin. Cependant la pensée d'avoir un beau et vrai bébé me remplissait de bonheur et me semblait la chose la plus extraordinaire qui pût arriver dans ce monde, et dans l'attente j'habillais et je déshabillais le beau poupon incassable que je venais de recevoir de France, et j'apprenais par cœur tous les conseils que ma belle-mère avait eu la bonté de m'envoyer par écrit.

Sur ces entrefaites une révolte éclata à Chôlong et aux alentours, et les Annamites mirent le feu à l'arsenal de Saïgon. Mon mari fut obligé de partir en expédition, me laissant dans la maison; les Annamites menaçaient de brûler l'inspection; tout le pays était dans la terreur.

Tout le monde fuyait Chôlong, et le mercredi qui était le jour où je recevais, j'errais seule dans les vastes salons, sans voir autre chose que ma silhouette vêtue d'une longue robe blanche qui se reflétait dans les glaces immenses dont les murs étaient décorés.

Mon père ne laissait pourtant pas passer un jour sans venir; il me pria même une fois de me réfugier au consulat d'Espagne, où je n'avais rien à craindre; je le remerciai et je lui dis que mon devoir était de rester chez moi, de mettre ma confiance en Dieu et de me résigner à tout; cette réponse, je m'en aperçus bien, le remplit d'orgueil et de joie; il n'insista plus et me dit qu'il reconnaissait là son enfant.

Outre mon père, une amie vraie et sincère venait souvent me tenir compagnie de 1 heure à 4 heures de l'après-midi ; c'était la douce, la bonne, la belle Mme Speidel dont j'ai déjà parlé.

Inutile de dire que je ne dormais guère non pas tant pour la crainte que je pouvais personnellement éprouver, que pour la pré-occupation d'esprit où je me trouvais, car je savais fort bien que mon mari devait passer ses journées et ses nuits dans des lieux malsains, traverser les rivières à pied et avoir de l'eau jusqu'à la ceinture, ou d'autres fois affronter les rayons d'un soleil meurtrier ; et enfin je redoutais une foule de pièges et de dangers.

Ce qui me rendait le plus triste, c'étaient les lumières et les signaux des révoltés que je voyais et que j'entendais la nuit dans la plaine des Tombeaux. La plaine des Tombeaux est ainsi nommée, parce qu'elle est couverte d'une multitude de tombes, qui forment de petits et de grands promontoires qui rompent ainsi l'uniformité du sol ; celui-ci frappe l'œil de l'étranger par son aridité, où pas une herbe, pas la moindre verdure n'arrête le regard sur son immense étendue; cette plaine s'étend depuis Chôlong jusqu'au jardin botanique de Saïgon ; plusieurs batailles y furent livrées; les premières, il y a plus d'un siècle, donnèrent, avec la victoire, la Basse-Cochinchine aux Annamites, et plus tard les autres furent perdues contre la France et l'Espagne alliées.

Une route conduit de Chôlong à Saïgon au milieu de cette plaine déserte, et parmi ces tombes silencieuses et bizarrement sculptées ; cette route est d'autant plus belle qu'elle n'est hantée par presque personne et que les voitures ne l'abîment pas ; on l'appelle la route stratégique ; je la prenais souvent pour me rendre plus vite de l'inspection au consulat d'Espagne.

Au bout d'un long mois mon mari arriva ; la révolte s'était calmée, parce que les troupes que mon mari commandait avaient réussi à prendre plusieurs chefs des révoltés, entre

autres un notable annamite qui avait ima-
giné une histoire fantastique avec laquelle il
exploitait la crédulité du peuple.

Il disait à ses compatriotes que les dieux
lui avaient révélé un moyen de rendre la
Cochinchine à ses enfants ; ce moyen personne
ne pouvait assurer sa réussite, sinon lui seul
qui possédait le secret nécessaire. Il avait fait
faire des ailes d'oiseau d'une grandeur prodigieuse et une queue en rapport avec ces
ailes, le tout en plumes de *rachgia*. Il faisait
des discours au peuple, sur le haut d'un toit,
presque dans la toilette de nos premiers
parents avant le péché ; mais il n'oubliait pas
de se parer de ses immenses ailes, de sa
belle queue, et de se munir d'un petit flacon
qui, selon lui, contenait une précieuse liqueur
avec laquelle les dieux permettaient aux
Cochinchinois de parcourir les airs avec la
rapidité et la facilité de l'aigle ! Il ajoutait
que tout Annamite était ainsi à l'abri des
persécutions et des coups de feu des Européens, et que les adroits indigènes pouvaient

au contraire tuer d'en haut tous les Français assez audacieux pour leur résister. Il disait enfin que les dieux lui avaient donné le pouvoir d'armer de ces ailes et de fortifier par cette liqueur tous les Annamites qui voudraient le reconnaître comme leur chef et prendre part à cette affaire.

En effet il se fit de cette manière un si grand parti que la révolte dont nous parlons fut une de celles qui méritent la peine d'être racontées. Qu'on ne s'étonne pas si les Annamites ne s'envolèrent point par les airs, dans une si belle et si curieuse tenue; nous devons en chercher la raison dans l'inconstance des dieux de ce pays et dans le constant changement de leurs idées.

Dans tous les cas, je vis les ailes, la queue, le flacon et le malheureux chef, bien attachés et en prison; inutile de dire que j'aurais vivement désiré le voir fonctionner. Par bonheur le jugement rendu ordonnait de revêtir le coupable de tout son attirail et de le produire devant le peuple crédule pour voir s'il pourrait s'envoler. On le fit donc monter sur le sommet d'un toit, d'où il devait s'élancer dans les airs. Les dieux avaient changé d'avis, hélas! car notre pauvre chef fut forcé de redescendre et de rentrer dans sa prison, d'un air piteux et au désappointement de tout le peuple, qui l'admirait et qui avait foi dans sa puissance; grâce à cela, les Annamites juraient de ne plus croire à ce que les imposteurs pourraient leur dire dans l'avenir.

Tout rentra dans le calme de ce côté, mais le choléra éclata et mit de nouveau la terreur dans le pays en faisant des ravages dans toute la Cochinchine.

Pourtant au mois de novembre 1875 le petit enfant tant désiré vint égayer notre demeure; c'était une petite fille que je vouai à la sainte Vierge et à qui je donnai le joli et doux nom de Marguerite.

Nous choisîmes pour parrain et marraine le consul général d'Espagne, son grand-père maternel, et sa grand'mère paternelle.

Cette chère enfant fut ondoyée d'abord,

car nous remîmes le baptème à notre prochain voyage en France. La ville de Chôlong offrit un magnifique berceau au nouveau-né. Ce berceau, un vrai bijou, était enj bois sculpté, tout capitonné de satin bleu-ciel et garni de fines dentelles ; la flèche qui soutenait les rideaux représentait le cou d'un cygne, lequel tenait en son bec une ravissante couronne d'où pendaient de jolis rideaux de tulle et de dentelle.

Combien d'heures j'ai passées penchée sur ce berceau écoutant le souffle de cette petite créature que Dieu venait de me confier !

Quelle joie j'ai éprouvée en contemplant ce pur et angélique visage !

Parfois je me trouvais si fière dans mon amour maternel qu'il me semblait être la seule mère qui fût au monde; et si parfois je m'éloignais, je revenais bien vite revoir mon cher trésor, car j'avais peur d'être le jouet d'un rêve charmant.

Malgré la défense des médecins qui me

défendirent d'allaiter mon enfant, à cause de ma jeunesse et du climat terrible sous lequel je me trouvais, je désirais accomplir et j'accomplis avec bonheur ma tâche de mère jusqu'au bout.

VIII

VOYAGE EN FRANCE, ÉPREUVES.

Singapoor. — Ceylan. — Aden. — La mer Rouge. — Le
canal de Suez. — Naples. — La France. — Retour. —
Tristes pressentiments. — Nous sommes envoyés à Thu-
dau-mot. — Une expédition dans les forêts vierges. —
Les *matas*. — Paysage sylvestre. — J'étouffe une révolte
sans m'en douter. — Inspection de Mi-tho. — Le choléra.
— Mort de mon mari et de mon enfant.

Le 12 mai 1875 nous montâmes à bord de
l'*Iraouaddy*, qui était en rade de Saïgon et qui
devait se rendre en France. Les habitants de
Chôlong nous firent de touchants adieux. La
veille de notre départ la ville chinoise envoya
une députation et plusieurs cadeaux; dans
l'après-midi, au moment où je m'y attendais

le moins, je vis entrer par une des portes principales du parc un nombreux cortège, annoncé du reste par une quantité prodigieuse de fusées et de pétards et le son bruyant de la musique chinoise. Ce cortège était accompagné de l'immense dragon vert, aux écailles d'or, qui ne manque jamais d'assister aux fêtes et aux manifestations de ce genre : les drapeaux, les oriflammes, les parasols d'honneur, et cette foule en costumes de gala, faisaient un charmant tableau dans le vaste jardin au milieu des cocotiers et des bananiers qui bordaient la grande allée ; au nom de la ville les mandarins chinois offrirent à leur administrateur qui partait pour la France plusieurs souvenirs, entre autres un magnifique parasol d'honneur sur lequel on avait brodé en caractères d'or, en langue chinoise et française, une dédicace avec les signatures des principaux chefs et notables personnages de Chôlong ; puis une glace chinoise, emblème de la justice et de la vérité avec lesquelles l'administrateur avait gouverné le pays ; sui-

vait une magnifique coupe en porcelaine de
Chine, remplie d'eau claire et cristalline qui
pouvait désigner la clarté d'esprit et la profonde sagesse qui avaient régné constamment
dans les jngements et les décisions de son
gouvernement, etc., etc.

J'étais donc maintenant sur le pont du navire qui devait me conduire en France! La
France! combien d'idées charmantes ce nom
éveillait dans mon esprit! J'allais donc voir
ce grand pays dont j'avais si souvent appris
la belle histoire, ce pays qui remplissait mon
imagination de si merveilleux tableaux, ce
pays dont j'avais appris la langue avec tant de
peine et qui devenait ma patrie adoptive. Un
véritable chagrin tempérait l'ardeur de mes
désirs : d'abord je pensais à mon bon et vénérable père que je laissais à Saïgon et de qui
je me séparais pour la première fois. Il était un
peu malade, mais surtout il allait être bien
triste et bien seul pendant mon absence;
pauvre père! puis je songeais aussi avec peine
que ce navire qui me conduisait en Europe,

ne m'amènerait pas vers ma chère Espagne, au nom de laquelle mon cœur battait si fort et pour laquelle j'aurais fait bien des sacrifices.

Le lendemain du départ nous étions en pleine mer, et lorsque je montais sur le pont; tout avait disparu; les premiers jours je fus bien souffrante du mal de mer, mais ensuite cela alla mieux. A bord il n'y avait guère que des Anglais, un général français et un agent des Messageries maritimes qui était si malade et si défiguré qu'il faisait peur à voir.

Le premier pays que nous vîmes fut Singapoor, chef-lieu d'une colonie anglaise; aussitôt après notre arrivée une foule d'indigènes assaillirent notre bateau avec leurs pirogues remplies de coquillages de toutes sortes et de marchandises de leurs pays; je remarquais l'adresse avec laquelle ces Indiens s'élancent du haut d'un mât et vont à la nage ramasser dans la mer la pièce de monnaie que les passagers leur jettent; c'est vraiment surprenant de les voir reparaître sortant du fond de l'eau avec la pièce dans leur bouche et tout disposés à recommencer.

Nous allâmes voir la ville et nous reposer chez le consul d'Espagne, qui était lié avec mon père ; ce monsieur avait deux charmantes filles qui furent très bonnes pour moi ; le consul nous promena dans sa voiture et nous conduisit voir la ville qui est très belle et très pittoresque ; ces blanches maisons bâties sur une verdoyante colline ressemblent à de charmantes retraites qu'on aurait construites là, pour venir se reposer loin du bruit du monde et ne vivre que de la vie champêtre et contemplative ; le climat est bon ; un éternel printemps règne dans ces lieux.

Nous continuâmes notre voyage ; la mer était dans ces parages brillante comme une émeraude ; c'était un bonheur de voyager par un temps pareil ; aussi nous en profitions à notre aise : nous avions fait monter un piano et tous les soirs nous faisions de la musique et nous donnions les plus jolis bals que l'on puisse imaginer ; une troupe d'artistes voyageant aussi avec nous nous offrît plusieurs représentations.

Rien de marquant de Singapoor à Pointe-de-Galles, sinon que l'immense côte de Sumatra nous montra pendant deux jours des rivages dépouillés de verdure. Un matin je me levai de très bonne heure, parce que nous devions apercevoir Ceylan ; peu à peu le jour commença à poindre, et les vertes prairies et les lointaires montagnes, tout se présenta net, éblouissant aux regards du voyageur ; la tradition indienne place ici le berceau de nos premiers parents ; je ne crois en rien à la tradition indienne, mais bien sûr, ce petit coin de terre mérite le nom d'Eden. A notre arrivée, le vice-consul d'Espagne, à qui mon père avait fait savoir notre passage, vint nous prier de descendre chez lui, et il nous offrit de nous faire voir le pays ; ce qui nous fit grand plaisir ; je fus étonnée de rencontrer un pays réunissant tant de merveilles et de sites verdoyants. Partout on voit des arbres magnifiques qui parfument l'air qu'on respire, comme le camphre et le sandal; les oiseaux rares abondent, ainsi que les fausses pierres précieuses, que les indigènes viennent vous vendre à profusion, les mêlant avec les belles plumes d'autruches, les fines dentelles et les objets d'ivoire travaillé.

Je croyais, par la configuration géométrique des mers que nous avions traversées, que nous verrions la terre assez souvent : il n'en a rien été ; à part les Maldives entre Ceylan et Aden, rien que le ciel et l'eau; nous n'aperçûmes pas même un bâtiment. La mer dans ces parages devint grosse; l'équipage seul pouvait se tenir sur le pont; ce n'était pas une tempête, mais une mer aussi violente que possible en dehors d'une tempête. Tout le monde fut malade bien entendu et je fus en butte à des migraines atroces par le défaut de sommeil et la fatigue. Le pont était sans cesse submergé par les flots; impossible d'y tenir. Une chaleur effrayante et insupportable ne cessait de régner dans nos cabines, en sorte

que tous les passagers étaient étendus pêle-
mêle dans l'entrepont; les moustiques étaient
un vrai fléau.

Si notre arrivée à Ceylan me remplit de
joie et d'admiration, notre arrivée à Aden
fut bien loin de me produire le même effet;
lorsque je vis les montagnes noires et sinistres
de ce pays, mon cœur se serra; il me semblait que j'étais dans le noir et sombre royaume
de Pluton; il me semblait que j'allais voir des
flammes surgir derrière ces promontoires
dévastés et arides; l'illusion était d'autant
plus vraie qu'il continuait de faire une chaleur
étouffante et que, au-delà des terres que nous
voyions, le soleil qui venait de disparaître
laissait dans la plus grande obscurité ce noir
paysage, tandis que l'horizon paraissait teint
du reflet d'un immense incendie.

Les noirs habitants de ce sombre pays que
je voyais aller et venir drapés dans leur large
drap blanc ou rouge me faisaient l'effet de
fantômes enveloppés de leur linceul; une
barque en transportait plusieurs en ce mo-

ment; ce qui me fit penser au vieux Caron lorsqu'il transportait pour une obole les âmes des morts au-delà du Styx.

Malgré ma répugnance pour cette contrée je désirais la visiter; mon mari, qui la connaissait déjà, me fit voir ce qu'il y avait de plus curieux : les citernes, travail gigantesque que les Anglais ont fait faire pour ne pas perdre une goutte d'eau de pluie, lorsque tous les dix ans il en tombe un peu par hasard. Pas un arbre, pas une fleur, pas un brin d'herbe ne pousse à Aden.

Le lendemain de notre départ d'Aden, nous perdîmes un de nos compagnons, qui avait souffert pendant tout le voyage et qui finit par succomber. Ce monsieur étant un des principaux personnages des Messageries maritimes; on lui rendit tous les honneurs usités en pareil cas; on invita donc tous les passagers à se rendre à la cérémonie qui allait avoir lieu.

A trois heures de l'après-midi ous un soleil de plomb, tous les passagers étaient réunis dans l'entrepont, près d'un sabord ouvert et d'un cercueil enveloppé d'un pavillon tricolore : on arrêta la marche du navire ; on n'entendait plus alors que le bruit sourd des vagues et le mouvement de la machine ; un silence profond régnait dans ce bateau, si bruyant il n'y avait qu'un instant encore. J'étais si impressionnée que je ne pourrais pas dire ce qui se passa pendant cette pénible scène ; ce qui me rappela à moi, ce fut le bruit que le corps du pauvre défunt fit en tombant dans la mer, où il disparut pour toujours.

La mer Rouge maintenant ! Nous la traversâmes du sud au nord en cinq jours. Pendant ce trajet j'éprouvai bien des émotions et aussi bien des souffrances à cause de l'horrible chaleur ; je ne mis pas les pieds dans ma cabine pendant cinq nuits ; je dormais ou plutôt je sommeillais quelques heures sur le pont, où je m'étais installée tant bien que mal.

Bien des émotions ; car nous coupions le chemin suivi par les Hébreux dans la même mer et nous passâmes en face du Sinaï. Je me rappelai alors une scène touchante qui s'était passée à cet endroit même, quelques mois auparavant, et qu'un missionnaire, témoin et héros dans l'affaire, m'avait racontée à Saïgon. Il venait de France, et le jour où le navire qui le portait passa en face du Sinaï était un dimanche ; il y avait à bord un commandant chrétien et pratiquant et de plus quelques officiers de la marine de guerre, accompagnant le contre-amiral qui allait prendre le commandement de l'escadre du Japon. Ce dimanche-là, le commandant du paquebot avait fait dresser un autel sur le pont avec les gréements du bord, pièces de canon braquées aux angles, le pavillon français couvrant le tout comme une belle tente multicolore.

Après la messe, comme on arrivait en face de la sainte montagne, pendant que toutes les lunettes étaient dirigées de ce côté, le capitaine vint prier le missionnaire de réciter à haute voix les commandements de Dieu. Au troisième vers les larmes du prêtre coulaient en abondance, et il n'aurait pu achever, si tous les passagers n'avaient repris, pour continuer jusqu'à la fin cet acte si solennellement religieux.

Parlerai-je de Suez? C'est là que j'ai vu les hommes descendus au-dessous de toutes les brutes, se battant et s'assommant pour se disputer une malle à porter, dans le but de recevoir quelque *bakchich* d'un Européen. Ces pauvres musulmans, la tête rasée et nue, noirs, plus noirs que l'encre, n'ayant pour tout vêtement qu'un langoutis en lambeaux qui leur couvre à moitié les reins; c'est un spectacle que je ne croyais pas rencontrer ailleurs que dans les forêts du Cambodge ou du Laos, et qui pourtant se déroule chaque jour, sans que le christianisme puisse même se faire entendre de ces malheureux!

Pour détourner nos yeux de tant d'horreurs, nous prîmes une barque et nous allâmes visiter le canal de Suez. Là du moins nous nous retrouvions en face de l'Européen, en

face de l'intelligence cultivée par le christianisme. Nous eûmes le bonheur de rencontrer
un ingénieur français M. J... Cet excellent
homme se montra pour nous d'une politesse
exquise et nous fit voir, avec une patience
d'ange, les moyens d'exécution mis en œuvre
pour le percement de l'isthme et les grandes
dragues qui servent à rejeter les sables hors
de la cuvette, c'est-à-dire du chemin parcouru par les navires. Cette petite excursion
scientifique me servit beaucoup pour me
rendre compte des choses, quand le lendemain
je dus passer à Ismaïlia et franchir sur le
canal la distance qu'il y a entre cette ville et
la nouvelle ville de Port-Saïd, sur la Méditer-
ranée.

Ce fut par une magnifique soirée du mois
de mai que nous vîmes se dessiner peu à peu
et plus clairement dans l'azur profond du
ciel et le bleu saphir des eaux les îles d'Is-
chia et de Procida, qui me parurent de loin
deux buissons de violettes, à l'entrée de ce
splendide golfe qui n'a pas son pareil au

monde. Mais plus nous avançons et plus le paysage devient intéressant; voici Capri et, après avoir doublé le cap Misène, le magique tableau qui fait dire : *Vedere Napoli é poi morire !*

Moi pauvre sauvage, qui depuis mon enfance n'avais pu que nourrir mon esprit de l'histoire et de la description des pays d'Europe, j'étais ravie de *voir* enfin ! je regardais tout et rien ne passait inaperçu à mes yeux; le souvenir mythologique de chaque nom réveillait dans mon esprit une foule de pensées et de méditations. J'étais ravie après un aussi long voyage, venant de contrées si différentes et arrivant au milieu de ce magnifique paysage éclairé d'abord par les derniers rayons de soleil et immédiatement après par ceux de la lune. Elle s'élevait majestueusement au-dessus du Vésuve vomissant alors une colonne de fumée rouge qui se dispersait ensuite en panaches grisâtres, comme la respiration d'un monstre gigantesque. Mon imagination se plut à voyager dans tous ces lieux, et bien tôt il

me semblait vraiment qu'une fée d'un coup
de sa baguette venait de me transporter dans
la région de la fable, dans celle des dieux du
paganisme antique et dans un monde fantastique. Au même moment, j'entendis les accords
de mille musiques et les échos d'autant de voix
douces et harmonieuses qu'une brise parfumée
apportait à mes oreilles en dilatant ma poitrine; ma jouissance était si grande que je me
retirai dans un coin pour ne pas être troublée
par personne et pour laisser errer ma pensée
bien loin.

Voici Castellamare...... voilà Sorente.....
qui s'enlacent l'une à l'autre et forment une
guirlande de villes et de villages, de palais
et de châteaux paraissant sortir de la blanche
écume des eaux! Mais nous sommes dans le
golfe, nous sommes à Naples, une ville folle
et bruyante qui semble avoir jeté son bonnet
par-dessus les moulins. Je me souviendrai
toute ma vie d'avoir visité les deux villes
mortes de Pompéi et d'Herculanum et d'avoir
foulé la tête de ce terrible géant à forme

pyramidale, dont les pieds sont de lave, la tête de cendres et le cœur de feu! Quelques jours après avoir quitté Naples, j'aperçus au loin la silhouette bleue de quelques montagnes, et je découvris nettement sur le sommet de la plus haute une blanche église : Notre-Dame-de-la-Garde! La France!

Des rochers se succédaient sur une longue étendue, faisant contraste avec de ravissantes collines et de vertes et riantes campagnes, admirablement cultivées! Vers midi notre navire jeta l'ancre au milieu d'un fouillis inextricable de mâts et de navires de tous les endroits du monde; ce qui fait ressembler le port de Marseille à une forêt pendant l'hiver, lorsque les branches sont absolument dépouillées de leurs feuilles.

Nous voici à terre, et je respire agréablement, car nous sommes délivrés de la douane et de son cortège d'ennuis, de sollicitations et de pourboires; enfin nous voici dans une des principales villes de France, à l'*Hôtel des Colo-*

nies, dans une fraîche et confortable chambre! J'installe ma petite fille et sa bonne, et je veux voir le pays tout de suite, sans même me donner le temps de me reposer un peu. Trois jours après nous prenions le rapide à trois heures de l'après-midi; ce train nous faisait parcourir toute la France comme dans un rêve et devait nous laisser dans Paris!

Si je pouvais m'arrêter! si je pouvais visiter toutes les villes et les villages que nous allons traverser! J'avais des remords de conscience de passer sans même saluer tant d'endroits célèbres dans l'histoire. J'entendis crier Arles! Avignon! Montélimar! Lyon! Dijon! Montereau! Fontainebleau! et tous ces noms fameux augmentaient mes regrets. Je remarquais et j'admirais les campagnes de ce beau pays de France si bien cultivé; on aurait dit qu'on y avait étendu une foule de tapis de différentes couleurs, depuis le vert tendre jusqu'au plus foncé sans qu'un pouce de terrain ne fût couvert. Quelle différence avec les pays d'Orient! Quel abîme entre les deux civilisations!.....

Nous restâmes en France six mois, dont nous passâmes la plus grande partie à Paris; le jour, nous étions dans les promenades, les musées, les expositions et les visites; la nuit souvent, au concert ou au théâtre. Nous fîmes aussi un séjour dans la bonne petite ville de la Flèche, où le colonel D..., mon beau-père, avait pris sa retraite. Je ne puis passer sous silence le séjour que je fis dans ce joli et agréable pays, et je dois dire que les bons habitants de cette ville sont très hospitaliers, très aimables pour les étrangers, et font regretter leur société qui est pleine de charme. Pendant le temps que nous y séjournâmes, je fus l'objet d'une foule de politesses; on voulait me faire voir ce que c'était que les soirées de France, et on donna plusieurs bals et réunions en mon honneur.

Nous repartîmes pour la Cochinchine le 17 novembre 1875, par Paris; à Singapoor, nous prîmes à bord de *l'Amazone* Mgr C.

évêque de Saïgon, qui nous apprit les nouvelles de ce pays et nous dit que le notaire
Mᵉ C., qui était malheureusement le nôtre,
venait de faire faillite. Fâcheux contre-temps!
Notre voyage sur mer ne fut pas très bon
non plus, ce qui me remplit de tristesse;
j'eus dès lors un pressentiment des malheurs
futurs. A notre arrivée à Saïgon mon père
vint au-devant de nous et nous conduisit au
consulat d'Espagne; là aussi une tristesse
profonde envahit mon pauvre cœur, car je
remarquai que mon cher père était très malade. Il avait demandé un congé, et avait
tout préparé pour son départ; pendant que
nous causions, le courrier arriva, appor-
tant un pli d'Espagne; c'était justement
l'ordre de son départ qui arrivait par le
même bateau qui nous avait amenés de
France.

« Lorsqu'un malheur vient, il ne vient pas
seul »; jamais je ne sentis autant la vérité de ce
proverbe qu'en ces dures circonstances: car
nous arrivions en Cochinchine avec la certi-

tude de rester à Saïgon ou à Chôlong; nous pouvions l'espérer, on nous l'avait si bien promis que nous avions fait une foule d'emplettes en France dans cette intention; entre autres un piano, des voitures, etc., etc. Quelle fut donc notre déception lorsqu'à l'arrivée on nous envoya à Thu-dau-mot! l'administration disait à mon mari que sa présence dans ce pays était très nécessaire et que personne mieux que lui n'aplanirait les difficultés qu'il y avait là en ce moment; elle lui faisait espérer que cela ne durerait pas très longtemps et que nous en sortirions bientôt.

On ne s'étonnera pas si je fus obligée de m'armer de tout mon courage pour ne pas affliger encore plus mon vieux père et mon mari et leur faire voir que j'étais très heureuse d'habiter l'intérieur, afin de mieux connaître le pays.

Un peu après mon arrivée dans cette inspection, je m'aperçus que nous aurions à prendre bien des précautions contre les animaux féroces et contre le climat plus terrible qu'à Saïgon même; puis la maison que nous habitions était littéralement remplie d'insectes de toutes sortes; entre autres on trouvait partout des *pous de bois*. Cette petite bête est un si terrible rongeur qu'elle est capable de faire tomber une maison. Je ne savais vraiment comment faire, car rien ne pouvait être en sûreté, et tous les jours je trouvais mes robes, mon linge et une foule de choses rongées, mises en pièces; d'un autre côté, l'humidité était si grande que, du jour au lendemain, des champignons avaient poussé dans tous les coins de mon salon, de mes chambres, et même sur les gargoulettes qui contenaient la provision d'eau pour la nuit. Des scorpions, des reptiles de toutes les tailles et de toutes les espèces, rien ne manquait à notre habitation pour la rendre désagréable; elle se trouvait tout près des forêts vierges, remplies de sauvages et de *bêtes* terribles. Pour combler la mesure, une révolte éclata. Mon mari décida une expédition dans les forêts qui se trouvent entre l'Annam, Siam et le Cambodge.

J'eus peur de voir mon mari entreprendre ce pénible et difficile voyage, d'autant plus que je le savais un peu téméraire et imprudent; aussi, comme je ne pouvais le dissuader de son projet, je pris une détermination, ce fut de l'accompagner. Je lui fis part de mon idée; il me répondit que jamais il ne se déciderait à m'emmener, surtout dans la position où je me trouvais: j'attendais en effet un second bébé bientôt. Cependant, comme j'étais résolue à tout et que je voulais partir à sa suite, seule, il céda.

Les ordres furent donnés, et un beau matin notre troupe de soldats indigènes se mit en marche, nous en tête du détachement.

Les *matas* sont les soldats des administrateurs; leur costume est simple et très pittoresque; ils portent le pantalon annamite en calicot blanc, rattaché à la taille par une ceinture rouge, à laquelle est suspendue une espèce de petit sac brodé d'or ou d'argent,

à plusieurs compartiments, qui leur sert de
blague, de porte-monnaie et de sac à bétel.
Ils ont aussi une petite veste blanche, et par-
dessus une autre veste en drap bleu très
léger à parements jaunes, marquée à gauche
du chiffre de l'inspection à laquelle ils appartiennent ; ils sont coiffés d'un petit chapeau
fait avec l'écorce d'un joli jonc ; sa forme est
plate et un peu conique. La bande de coton
rouge qui leur sert de gourmette, se rattache
en gros nœud sous leurs cheveux qu'ils arran-
gent en chignon ; ils ont les pieds nus et sont
armés du chassepot et de la lance. L'uniforme de l'inspecteur consiste dans un képi
bleu et rouge et un veston bleu de ciel avec
brandebcurgs pour petite tenue ; pour la
grande, l'inspecteur a un casque d'aloès
recouvert de drap blanc avec brandebourgs et
galons, selon la classe, et un sabre de cava-
lerie avec dragonne.

Derrière la troupe venaient les voitures à
bœuf dont il a déjà été parlé ; dans une de ces
voitures, la plus belle et la plus grande, j'avais

mis ma petite Marguerite en costume annamite, âgée alors d'un an environ; une femme
de chambre et quatre serviteurs dévoués veil-
laient auprès de l'enfant; j'avais fait placer
cette voiture au milieu des autres qui n'emportaient que des vivres et des armes, afin
que ce véhicule n'attirât pas l'attention des
révoltés, et aussi pour la protéger contre les
bêtes féroces qui auraient pu l'attaquer si
elle avait été placée au premier rang: lorsque nous faisions halte, je courais voir mon
enfant et je faisais toutes mes recommandations à mes serviteurs. Les révoltés du reste
fuyaient devant nous, et il n'y avait plus à
craindre une bataille; mais il fallait se mettre
en garde contre les embuscades et les surprises.
Aussi, lorsque nous faisions halte et que mon
mari et sa troupe fatiguée dormaient, je n'étais
jamais rassurée et je veillais tout aussi bien
que nos sentinelles; nous nous arrêtions parfois dans les villages, puis, où nous pouvions
dans la forêt, et on allumait de grands feux
pour éloigner les animaux dangereux.

Pendant toute la durée de cette expédition
je ne me lassais pas d'admirer les lieux
où je passais. Il était bien curieux la nuit de
voir dans une magnifique savane nos soldats
couchés çà et là et l'acier de leurs armes
briller comme du cristal aux pâles rayons
de la lune; plus loin et en cercle, les voi-
voitures et les charrettes à bœufs, puis tout
autour les flammes d'un feu assez vif pour
faire reculer les habitants de la forêt. C'était la
solitude sauvage, et le silence règnait, interrompu de temps en temps par des bruits étranges comme des craquements, des sifflements
et des rugissements.

On voit là des arbres gigantesques, comme
le banian par exemple, où les tigres ont établi leurs retraites et dont les branches sont
entrelacées et rattachées les unes aux autres
par des lianes gigantesques; des plantes parasites laissent tomber de toutes parts leurs prodigieux bouquets. Ce sont des fourrés d'une
épaisseur impénétrable; cependant de temps
en temps quelques clairières s'offraient à nos

regards, et souvent nous y voyions des troupeaux entiers de cerfs et de chevreuils qui dressaient leur jolie tête à notre approche et qui nous regardaient avec surprise. Nous entendions aussi pendant la nuit les hurlements des singes.

On rencontre souvent des marais salés et noirâtres d'où s'exhalent des vapeurs qui vous coupent presque la respiration ; on voit les caïmans immobiles dormir sur le bord de ces eaux infernales ; ils ressemblent à des pierres ou à des rochers rugueux et sombres.

Quelquefois ces arbres si beaux sont couverts d'une multitude de petites sangsues de bois : si par malheur on se couche dessous, elles tombent par milliers, et lorsque l'on se réveille, on se trouve saigné à un tel point qu'il reste à peine assez de force pour se relever et fuir ; tous ces lieux sont très malsains ; il y règne constamment la fièvre des bois, plus terrible encore que celle des rizières.

Un jour, vers onze heures du matin, comme nous étions en marche, mon cheval s'arrêta tout à coup et je tombai évanouie sur l'herbe ; heureusement ma servante chinoise, si bonne et si dévouée, vint au secours de ceux qui s'empressaient autour de moi ; elle avait constamment de petites bouteilles remplies d'une essence de son pays, très forte ; elle me fit respirer le flacon, me frotta les tempes et les mains, et peu après j'étais sur pied. Je remontai à cheval et je rassurai tout le monde, en disant que c'était un simple évanouissement ; mais je sentais de telles souffrances que je ne savais parfois où j'en étais.

Un autre jour, pendant que tout le monde faisait la sieste, en cherchant un endroit plus frais, je m'écartai un peu de notre camp. J'allais tenant mon cheval par la bride ; tout à coup et lorsque je m'y attendais le moins j'entendis craquer les branches autour de moi ; j'eus peur un instant d'une bête fauve, mais des cris retentissaient ; on parlait en annamite et je me trouvai entourée de sept sauvages armés qui me regardaient d'un air stupéfait ; cette fois, je sentis que ma mort devait être plus

terrible encore. Que faire? me dis-je; je suis
bien perdue! Heureusement la présence d'esprit ne m'a jamais fait défaut : j'étais debout
devant ces hommes; d'une main je tenais mon
revolver qui était chargé et qui avait vingt
coups; je portais cette arme en bandouil-
lière depuis notre départ; sans perdre une minute je tirai un coup en l'air et je dis en langue
annamite d'une voix ferme : « Celui qui s'ap-
prochera de moi; tombera mort à mes pieds! »
A ces mots, je vis tous ces hommes se proster-
ner la figure contre terre; mais moi, profitant
du moment favorable et avant de leur donner
le temps de la réflexion, je sautai sur mon
cheval et revins au galop à notre camp, qui,
sans se douter de rien, continuait à dormir.

Je n'eus garde de raconter mon aventure à
mon mari, mais quelques jours plus tard j'en
parlai à un de nos interprètes pour lui demander les motifs de la conduite de ces sauvages
en cette périlleuse circonstance; il me dit alors,
en sortant un pli de sa poche et en me faisant
le salut habituel : «Ces gens-là n'ont jamais vu

une Européenne et ils n'en ont pas la moindre idée; leur surprise a donc été toute naturelle; mais ce qui a fait votre succès, c'est d'abord de leur avoir parlé dans leur langue, puis ça été votre cheval vif et noir, votre extrême pâleur, votre sang-froid et vos grands yeux noirs. Et voici, ajouta-t-il, en déployant le pli, l'explication tout entière de votre aventure : ceci a été pris à un de leurs courriers; le chef de ces indigènes fait savoir à ceux qui leur sont soumis que « Boudha protège les Français, car il a vu une femme étrange qui va avec leurs troupes; cette femme est trop différente des leurs pour être du pays, et cependant il est impossible que ce soit une étrangère, car elle n'aurait pas si bien parlé la langue annamite et aurait eu peur de lui et de ses compagnons; cela prouvait donc qu'elle était un être étrange, qu'un dieu mécontent des révoltés aurait envoyé sur terre. » Vraiment je ne pus m'empêcher d'éclater de rire et je m'applaudis d'avoir si bien réussi à étouffer une révolte, sans m'en douter.

Il n'y avait plus rien à craindre; nous revînmes dans le village de Thu-dau-mot; dix jours après j'eus le bonheur d'avoir une très belle petite fille, qui naquit dans les conditions les plus extraordinaires; car, où nous nous trouvions, nous n'avions ni médecin, ni rien absolument de tout ce qui est indispensable dans ces circonstances; seule, une vieille Annamite, presque sauvage elle-même, se trouvait là pour donner les premiers soins à la petite fille qui arrivait au au monde après un voyage si plein d'aventures et de péripéties.

Sur ces entrefaites, mon père partit pour l'Espagne, très gravement malade, et quelques jours après les événements racontés ci-dessus nous recevions l'ordre de nous rendre à l'inspection de Saïgon; notre séjour dans cette ville fut de courte durée; l'inspection de Mitho se trouva libre et nous allâmes l'occuper; cette inspection est une des plus belles et des plus importantes de la colonie; la maison a deux beaux étages; elle est entourée d'un magni-

fique parc, aux allées ombragées par des
cocotiers superbes ; des ruisseaux d'eau claire
se précipitent avec un doux murmure de
chaque côté de ces belles allées ; en courant
ils forment mille petites cascades et vont se
jeter dans l'immense fleuve qui est en face du
parc et que j'admirais souvent de la vérandah ;
mon mari se plaisait à me montrer la maison,
le parc et l'église avec d'autant plus de joie
qu'il les avait fait construire lui-même, il y
avait quelques années, avant d'être nommé à
Chôlong.

Un heureux événement encore : ce fut
l'arrivée du commandant des troupes françaises, M. G..., qui amena sa jeune femme
et son enfant ; cette dame recevait souvent ;
j'allais à ses soirées et elle venait aux miennes ;
bientôt nous fûmes très liées et nous nous
voyions très souvent, en dehors de nos jours
de réceptions.

L'année précédente, on avait commencé
à faire un canal, par où devaient passer les
chaloupes à vapeur et autres bateaux ; mais

le creusement des terres ayant fait éclater le choléra dans le pays, on avait suspendu les travaux. Mon mari fut très content de les faire reprendre ; cela l'occupait au point de l'amener à passer des semaines entières dans ce canal pour surveiller lui-même le percement ; comme il désirait que je l'accompagnasse, je partais souvent avec lui, laissant mes deux petites filles aux soins de ma bonne et fidèle Chinoise ; car il m'eût été bien difficile de me charger de deux petits bébés dans un lieu aussi dépourvu du nécessaire que l'étaient les rives de ce canal. Au bout de quelques mois, les travaux tiraient vers la fin, et mon mari très heureux me racontait les beaux projets qu'il avait imaginés pour l'inauguration : bals, régates, courses, réceptions, théâtres annamites et chinois, jeux indigènes de toutes sortes, et illuminations, rien ne devait manquer, et toutes les précautions étaient prises à l'avance ; tout allait et irait pour le mieux.

Tout à coup le choléra éclata de nouveau dans toute sa fureur, ravageant le pays et faisant partout des victimes. Dans cet état de choses j'étais bien triste et je sentais mon courage s'en aller : un missionnaire, M. de N...qui m'avait connue lorsque j'étais encore enfant, vint me voir : il me rendit un peu d'énergie et me conseilla de veiller sur mon mari, qui se trouvait au milieu de ce fatal et terrible canal où l'épidémie régnait dans sa plus grande force.

Il y avait déjà près d'un an que nous étions dans ce pays, et jusqu'alors il n'y avait pas eu la moindre épidémie ; j'accompagnais donc toujours mon mari, sous prétexte que je désirais monter à cheval. A cette époque j'étais enceinte pour la troisième fois, ce qui ne m'empêchait pas de monter à cheval tous les jours ; mais une fois je fis une imprudence et la sous-ventrière mangée aux mites s'étant déchirée dans un des brusques mouvements de l'animal, lorsque je m'y attendais le moins, je fus lancée avec la selle à une assez grande distance ; la chute eût été mortelle si, au lieu de tomber sur

des broussailles, j'étais tombée sur le sol.
Néamnoins j'éprouvais de si terribles douleurs, qu'on me transporta chez moi dans
une chaise longue; je fus obligée de garder
le lit pendant plusieurs jours au bout desquels je n'était pas encore remise; mais je
me levais et, laissant ma petite fille aux soins
de ma Chinoise et de cette bonne Mme G...
qui voulait bien venir la voir de temps en
temps, je montais à bord de la chaloupe à
vapeur de notre inspection avec ma petite
Marguerite dont je n'avais pas voulu me
séparer; cette enfant commençait à avoir la
dysenterie et j'étais très tourmentée à son
sujet; d'un autre côté, ce qui me faisait partir ainsi malgré nos santés altérées à toutes
les deux, c'était une lettre de mon mari dans
laquelle il me disait qu'il se sentait malade
lui-même, et que, pourtant, sa présence étant
nécessaire dans le canal, il ne pouvait revenir
pour le moment.

Notre petit voyage fut terrible et nous
faillîmes y rester; l'entrée du canal n'étant

pas encore praticable et le courant se trouvant contraire, nous fûmes rejetés à plusieurs reprises sur des rochers et d'énormes troncs d'arbres; enfin nous passâmes... Je reçus les compliments les plus flatteurs de mon mari et de plusieurs officiers qui se trouvaient là, parce que ma chaloupe était la première qui était entrée dans le nouveau canal. L'indisposition de mon mari ne s'était pas aggravée, mais ma petite Marguerite m'inquiétait beaucoup. Le lendemain de mon arrivée, nous reçûmes une lettre par un milicien à cheval, dans laquelle on nous priait de revenir au plus vite, la petite fille qui était restée avec la Chinoise se trouvant très mal. Cette nouvelle fut un coup de foudre pour moi, qui avais quitté ma chère petite enfant en la laissant si belle et si bien portante!

J'eus un terrible pressentiment; en arrivant à l'inspection, nous trouvâmes à la porte le commandant de la troupe qui n'eût pas besoin de parler; son attitude triste nous en disait assez. Je ne fis qu'un bond dans la chambre où était mon enfant; j'y trouvai mon amie auprès du berceau; je m'approchai et je pris mon enfant qui était... morte!

Le choc fut terrible; ce qui se passa à partir de ce moment, il me serait impossible de le dire; et une fièvre ardente s'empara de moi; j'étais si mal qu'on voulût me faire partir pour l'Europe; ma petite Marguerite allait de pis en pis et les médecins ne pouvaient rien pour la guérir; je voyais qu'elle dépérissait tous les jours; mon mari, que la perte de son enfant avait désolé, tomba malade du choléra au milieu du canal où il avait désiré retourner; il revint pourtant près de moi quand il sentit ses forces diminuer; mais, hélas! ce fut..... pour mourir deux heures après son arrivée à la maison!.....

Je restai donc seule, brisée par la plus terrible des douleurs, dans un pays lointain où je n'avais plus que ma pauvre Marguerite presque mourante, et dans l'attente d'un autre enfant; j'étais alors âgée de dix-neuf ans. Le commandant de la troupe et sa femme furent sublimes de dévouement pour moi et mon enfant; ils me firent d'abord quitter l'inspection et me prirent chez eux; puis ils me décidèrent à quitter ce triste pays où je ne pouvais plus rien faire. Je partis pour Saïgon, où Mme G... eut la bonté de m'accompagner; elle ne me quitta que lorsque la Mère supérieure de la Sainte-Enfance, ma marraine de confirmation, vint me chercher pour me garder dans son couvent pendant le temps qui me restait à demeurer dans la colonie.

Le malheur ne se raconte pas; je retombai gravement malade et ma petite Marguerite n'allait pas bien|; il fallut tout le dévouement dont les religieuses sont capables pour nous tirer de là. Le gouverneur, contre-amiral commandant en chef la Cochinchine, eut la bonté de s'occuper avec quelques amis de mes intérêts et de mes affaires; deux mois plus tard une jeune femme charmante, Mme de O., vint me retrouver au couvent; elle aussi venait de perdre son mari, emporté de la même manière que tant d'autres. Nos affaires finies et nos santés un peu rétablies, nous nous décidâmes à partir pour la France sur un des prochains paquebots des Messageries maritimes.

En effet le *Mé-kong* devait passer et nous nous étions préparées pour le prendre. J'avais encore un pressentiment de malheurs à venir, et, le cœur serré, je demandai à mon amie et compagne d'infortune de me promettre de veiller sur mon enfant comme une mère jusqu'à l'arrivée en France, si je succombais dans le voyage. Elle me le promit; je lui conseillai de s'assurer pour le cas où nous viendrions à faire naufrage et je lui dis que je pensais le faire moi-même.

En entendant ces paroles, elle me traita de folle et me fit remarquer que jamais ces bateaux des Messageries n'avaient fait naufrage depuis qu'ils existaient; elle fit si bien que je ne dis plus rien, mais mon pressentiment de malheurs ne me quitta pas; je priai bien et je fis des vœux et des mortifications dans cette même chapelle où trois ans auparavant j'avais fait ma première

communion. Je communiais souvent maintenant, mais dans des circonstances bien
différentes, et ne demandais pas à Dieu de
me soustraire aux terribles souffrances dont
j'étais la proie, ni à d'autres que je croyais
devoir éprouver bientôt : non! je lui demandais seulement d'avoir pitié de mon enfant
et de me donner la force de tout supporter et
de bien souffrir en vraie femme chrétienne.

IX

LE NAUFRAGE DU MÉ-KONG

Départ de Saïgon. — Le navire et ses habitants. —
Au cap Gardafui. — Perdus! — Scènes de désola-
tion. — Détails lamentables. — Le sauvetage. —
« Est-elle folle? » — Mort du commissaire. — Les
Somalis veulent m'enlever. — La traversée du désert.
— Aux mains des Anglais. — Alexandrie d'Égypte.

Le moment du départ arriva; je l'avançai
de quinze jours : j'étais guidée par plusieurs
motifs; j'attendais bientôt l'arrivée d'un
nouvel enfant : je désirais être en France
pour cette époque; puis les lettres de famille
que je recevais et dans lesquelles on semblait m'attendre avec impatience, puis enfin

le paquebot qui arrivait et qui était un des plus beaux de la Compagnie et avait pour commandant M. Foache, un de nos amis; je devais aussi rencontrer là M. T..., un autre ami, ministre de France à la cour d'Annam; je le connaissais depuis mon arrivée dans la colonie. Aussi, malgré mes pressentiments, je m'embarquai à bord du *Mé-kong*, en compagnie de mon enfant et de Mme de O...

Ce fut avec un grand déchirement de cœur que je dis un dernier adieu aux personnes amies qui restaient, à ce pays où j'avais passé les plus belles et les plus tristes années de ma vie; et à mes deux tombes chéries. Mais enfin je voyais que je devais me résigner à la volonté de Dieu, et j'acceptai la part qui m'était offerte, pour me donner plus de courage; je me promis bien de ne mettre pied à terre dans aucun des pays que j'avais vus auparavant lorsque j'étais venue en France; je me promis de ne quitter le *Mé-kong* qu'à notre arrivée à Marseille; mais l'homme propose et Dieu dispose!

La vérité de ce proverbe va être démontrée tout à l'heure. Une fois à bord, on nous choisit, à Mme de O. et à moi, les deux plus belles cabines, et on fut pour les deux tristes voyageuses d'une prévenance et d'une bonté vraiment remarquables. Il y avait à bord du *Mé-kong*, comme dans tous les navires des Messageries qui font ce voyage, une foule d'Anglais des deux sexes, qui faisaient comme toujours bande à part. La petite société française se composait d'abord du commandant, M. Foache, homme sérieux, déjà d'un certain âge, bon, dévoué, brave et loyal; puis de M. Henri de Martigues, commissaire du navire, digne père de famille bon et dévoué; du docteur; de M. B..., agent des postes, jeune homme charmant, très gai, très brave, très français. Après cela venaient quelques passagers : M. T..., ministre de France, homme vraiment éminent; M. Ildefonse Plichon Cleenewerck de Rayencour, consul de France à Hong-kong, un commandant d'infanterie de marine et deux dames, Mme de O. et moi. Il y avait aussi parmi les passagers un bon et vénérable vieillard, M. Arathon, de Madras, qui faisait partie tout aussi bien de la petite société française que du groupe anglais.

En deuxième et en troisième classe venaient une foule d'autres passagers de tous les âges, de toutes les conditions. Ces bateaux sont si grands que jamais les passagers d'une classe ne se rencontrent avec ceux d'une autre classe à moins de le faire exprès.

Les premiers jours de traversée furent passables, mais à l'approche du cap Gardafui un épais brouillard s'éleva et sembla nous envelopper comme dans un drap mortuaire. Impossible de voir le soleil, ni l'horizon; ce qui est terrible en mer. Tout le monde se désolait, et pour comble de malheur une tempête effroyable éclata; les vagues furieuses jouaient avec notre navire et parfois semblaient vouloir l'engloutir; le vent soufflait dans nos vergues d'une manière sinistre, et le roulement du tonnerre y répondait d'en haut avec un terrible fracas.

Dans la position où je me trouvais, et à peine convalescente, je fus obligée de garder ma cabine, où je souffrais horriblement du mal de mer et où il me fallait garder ma petite Marguerite presque toute la journée, les bonnes ayant trop à faire et ne pouvant la sortir à cause du mauvais temps.

Cependant tous les membres de notre petite société française étaient admirables de dévouement, de prévenances et d'attentions envers la pauvre malade et sa petite fille; M. Foache surtout fut bien bon pour elles, et plus d'une fois par jour il venait dans la cabine prendre des nouvelles et donner un peu d'espoir à la mère et à l'enfant. Le samedi 17 juin 1877, vers 6 heures du soir, il vint et nous dit de prendre courage, car vers minuit nous aurions doublé le cap. La tempête devait s'apaiser alors, le beau temps et le calme renaître, et bientôt nous devions arriver au terme de notre voyage. Ces douces et bonnes paroles me remplirent d'espoir et de joie; le soir venu, je fis coucher ma chère

Marguerite à côté de moi, car, malgré tout, j'avais peur sans savoir de quoi; enfin, vers onze heures du soir, je finis par succomber à la fatigue et je m'endormis.

Il y avait à peine une heure que j'étais plongée dans le sommeil, lorqu'un bruit épouvantable me réveilla en sursaut et me fit jeter des cris d'effroi. Je me levai avec peine et, prenant mon enfant dans mes bras, j'allai au salon demander ce qui arrivait; j'entendais des craquements terribles qui se mêlaient avec fracas au bruit des vagues, au roulement du tonnerre et aux cris de l'équipage qui courait de tous côtés.

Tout le monde avait la terreur peinte sur le visage, et personne ne me répondit. Je n'eus pas besoin du reste de rien demander longtemps; je vis l'eau entrer partout, je sentis notre navire s'enfoncer peu à peu, avec des bruits sinistres, et je m'aperçus bien vite que notre naufrage était complet! Que faire? je m'agenouillai avec ma petite enfant au milieu du salon; de toutes les cabines les dames les messieurs sortaient en jetant des cris de désespoir, s'arrachant les cheveux et ne se reconnaissant plus entre eux, tant la peur et la perpective d'une aussi terrible mort les affolaient et les aveuglaient ; ils couraient de toutes parts sans toutefois sortir de la salle, car on nous avait enfermés pour permettre aux matelots de faire mieux les manœuvres indispensables.

Cette précaution, nécessaire pourtant, les rendait fous de rage et de désespoir ; les femmes reconnaissaient à peine leurs enfants et les pauvres petites créatures pleuraient et se lamentaient pendant que leurs mères gisaient sans connaissance ; j'en vis qui marchaient sur leurs compagnons, les cheveux dressés sur la tête ou épars, les poings crispés, les yeux fixes et sortant de leurs orbites. Ma petite Marguerite, pâle comme une morte, sans jeter le moindre cri, avait ses petites mains jointes et à côté de sa mère agenouillée, au fond de son petit cœur, elle adressait à Dieu sa plus fervente prière ; nous étions insi, lorsque Mme de O. nous aperçut ; elle s'approcha de nous etmachinalement se mit à prier aussi.

M. B..., qui ne s'était pas couché encore et était le seul vêtu, de la porte de sa cabine contemplait ce triste spectacle ; il se mit à chercher dans les cabines les ceintures de sauvetage, et il nous les attacha silencieusement autour de la taille ; son uniforme en drap vert à galons d'argent contrastait singulièrement avec le costume des passagers, qui s'étaient jetés hors de leur couche comme ils étaient ; sous un ciel si brûlant beaucoup n'avaient que leur chemise et pas tous leur caleçon ; les dames se trouvaient à peu près dans les mêmes conditions, Mme de O. était en jupon et en camisole ; pour moi, j'avais pensé à mettre deux manteaux de nuit l'un sur l'autre, et ma longue robe de chambre en cachemire noir par dessus ; j'étais l'unique femme habillée. Quant à ma petite fille, j'avais même l'idée de la chausser : ce qu'il m'avait été impossible de faire pour moi, l'eau étant entrée trop tôt dans ma cabine, je n'avais pas eu le temps nécessaire pour trouver mes souliers.

M. B...; nous offrit sa cabine comme étant la plus grande et la plus sèche; M^{me}de O. s'y rendit, et moi j'allai d'abord voir dans la mienne si je pouvais sauver quelque chose. Le navire se brisait pendant ce temps peu à peu, et il était nécessaire d'agir sans retard; j'entrai donc dans ma cabine et je roulai dans mes cheveux le petit livre de première communion de mon mari, quelques papiers et son portrait, que je mis aussi dans mes cheveux en attachant solidement le tout avec des épingles; je mis encore sur ma tête deux serviettes bien attachées, deux chapeaux, un pour l'enfant, l'autre pour moi. Je savais fort bien que si nous échappions au naufrage, c'était peut-être pour mourir dans les sables brûlants du désert, sous les ardents rayons du soleil. Je n'oubliai pas non plus deux chapelets que je mis autour de mon bras.

J'allai ainsi accoutrée retrouver Mme de O. et M. B... tout à coup, au milieu des craquements et des bruits sinistres de la tempête, nous entendîmes les voix des matelots crier : Du sable ! du sable ! Cette nouvelle nous donnait l'espoir de voir notre agonie se prolonger ; au lieu de sombrer et de nous noyer comme des souris dans une souricière, notre bateau ayant trouvé du sable, ne pouvait couler à pic, et nous avions l'espoir de le voir continuer à se briser lentement. J'allai donc m'asseoir avec mon enfant sur un banc du salon vis-à-vis de ma cabine, et pas loin de celle de M. B... Je pensais tristement à cette chère enfant que j'avais dans mes bras, qui ne pleurait pas et qui me regardait avec la plus grande confiance ; et je ne pouvais me pardonner de l'avoir ainsi conduite à la mort ! Mon âme se mourait de regrets et de désespoir, mais, malgré tout, j'avais encore le courage de sourire et de la rassurer, lorsque, effrayée, elle m'entourait le cou de ses petits bras et cachait sa petite tête sur mon épaule, en me disant tout bas : « Tu vas me sauver, n'est-ce pas, petite mère ? »

J'en étais là, lorsque, levant la tête et regardant machinalement autour de moi, mes yeux s'arrêtèrent sur M. B... qui se tenait à grand'peine debout, à la porte de la cabine, et un album entre ses mains semblait fixer avec son crayon cette scène d'horreur. Je ne pus résister à un mouvement de surprise et me levant, j'accourus lui demander ce qu'il faisait ; il me dit alors avec flegme : « Oh ! madame, vous m'avez dérangé ! » Comme je le regardais sans comprendre, il ajouta : « Oui, j'étais en train de vous croquer, vous et vos deux chapeaux ! »

En ce moment, le commandant d'infanterie de marine arriva avec une bouteille et un verre qu'il tenait à la main ; il versa un demi-verre du liquide qu'il portait, et nous en offrit, à moi la première, me trouvant plus près de lui. Je saisis le verre et j'avalai d'un trait le contenu, puis je lui dis : « Commandant, je vous en prie, dites-moi la vérité, nous sommes perdus, n'est-ce pas? » Comme il faisait un signe de tête affirmatif, je poursuivis alors: « Eh bien, ce que vous venez de nous donner c'est du poison, pour que nous en finissions plus vite, ne niez pas! Je tiens à vous remercier, avant de mourir, des souffrances que vous m'aurez épargnées: merci! »

Le commandant fit deux pas en arrière et me dit : « Madame, ce que je viens de vous donner, c'est de l'absinthe; comment aurai-je pu, au moment de me présenter devant le juge suprême, charger ma conscience de cette façon? »

Ma préoccupation était telle que le demi-verre d'absinthe que je venais de prendre produisit le même effet que si j'avais bu de l'eau fraîche; le moindre petit verre de liqueur jusque-là m'avait toujours fait du mal, et toute ma vie, en vraie Espagnole, je n'avais bu que de l'eau claire.

Peu de temps après, nous entendîmes les matelots crier: « Un bateau à babord! un bateau à babord ! » Cette nouvelle rendit aux tristes passagers un peu de calme et d'espoir, et pourtant nous ne réfléchissions pas à l'état de la mer et à l'impossibilité où se trouverait le bateau en question de nous sauver ; il lui était en effet difficile de s'approcher, sans naufrager à son tour.

Vers cinq heures du matin, on commença le sauvetage ; on ouvrit une porte et on appela les dames et les enfants. A cet appel une foule compacte se pressa vers l'étroite ouverture. Mme de O. me dit : « Allons vite ! dépêchons-nous ! » Je lui répondis, en lui montrant la foule, que j'étais résolue à attendre, plutôt que de risquer de faire tuer mon enfant dans une telle bousculade. Tout à coup, tout ce monde qui était si pressé recula effrayé, et personne ne voulut plus répondre à l'appel des matelots. Voici l'explication de ce phénomène : cette foule était terrifiée par le spectacle terrible des vagues furieuse la tempête, les épaves et les débris de toutes sortes qui flottaient sinistrement sur la

surface des eaux, surtout la vue des premières chaloupes qui avaient essayé de se
sauver et qui se brisaient contre les rochers
en mille morceaux, en laissant tomber dans
la mer les malheureux qui étaient à bord ;
tout cela était fait pour décourager les plus
vaillants. « Deux dames et deux enfants ! »
criait-on et personne ne répondait ! Alors je
dis à Mme de O : « Profitons de cette panique
et essayons de gagner la terre. » Elle me
fit remarquer que le moment était très peu
favorable et qu'il valait mieux attendre.
M. T..., qui se trouvait là et qui comprit mon intention, me conjura d'attendre
aussi ; mais quand il eut disparu pour aider
l'équipage dans les manœuvres, je pris tout
mon courage et je dis résolument à Mme de O :
« Oui, allons, ,finissons-en ! mourir ici plus
tard ou mourir dans la chaloupe autant
en finir ; le plus tôt sera le mieux ! » Je
dis cela d'un ton si décidé que Mme de O.,
sans rien répliquer, me suivit. Je fis passer
par une ouverture pratiquée dans les flancs

du bateau ma petite Marguerite dans les bras
de deux hommes qui se trouvaient dans une
chaloupe; je m'élançai après elle aussitôt, et
Mme de O. vint nous rejoindre. Une fois
dans la chaloupe les deux hommes qui s'y
trouvaient nous dirent: « Mesdames, pas un
cri, pas une exclamation! la tête nous tour-
nerait, et nous serions tous perdus! » La
recommandation avait son importance, et il
était en effet bien difficile de rester impas-
sible dans un pareil moment; parfois les
vagues nous soulevaient à des hauteurs pro-
digieuses, et tout à coup, avec une rapidité
qui nous coupait la respiration, elles nous
lançaient dans un profond abîme; l'eau entrait
dans notre canot et un des hommes était
occupé à le vider du mieux qu'il pouvait,
lorsque soudain les vagues nous jetèrent sur
les rochers et notre petit canot eut le sort
des autres; il se brisa. En une seconde, un
des hommes prit dans ses bras Mme de O.,
et l'autre voulut me prendre; mais il était
impossible de nous sauver, l'enfant et moi. Je

compris cela tout de suite et je tendis à cet homme mon enfant; pour moi, je n'eus que le temps de faire un signe de croix et je tombai dans la mer.

Je fus lancée contre les rochers à plusieurs reprises, au point d'avoir mes vêtements déchirés et mon corps meurtri; pendant ce temps, qui ne fut pas long, je me souviens d'avoir demandé à Dieu de me faire mourir au plus vite, de façon à m'épargner d'être mangée vivante par un monstre marin; puis je perdis connaissance.

Je me souviens encore d'avoir senti qu'on me massait; je crus précisément être la proie des requins et je n'osais ouvrir les yeux; je finis néanmoins par me risquer et alors je compris tout. J'aperçus les deux matelots qui s'efforçaient de me faire revenir à moi; puis je vis le docteur et je ne sais plus encore quelles personnes autour de moi.

Je devais les regarder d'un air effaré; ils eurent peur et j'entendis le docteur dire d'un air de pitié en me regardant: « Pauvre petite femme ! il eût mieux valu la laisser périr dans le naufrage que de la sauver, car elle avait déjà la tête bien malade à la suite de ses malheurs ; et maintenant celui-ci va l'achever et elle deviendra tout à fait folle. »

J'aurais voulu répondre ; cela me fut impossible, ma voix s'arrêtait dans mon gosier, et les paroles du docteur et les regards expressifs de ceux qui m'entouraient me donnaient le frisson. Le docteur reprit au bout d'une seconde de réflexion : « Qui sait ? peut-être ce nouveau malheur va-t-il opérer chez elle une réaction favorable et lui rendre la netteté d'esprit qu'elle avait déjà perdue en Cochinchine lors de ses malheurs ? Apportez-lui son enfant ! »

On me mit dans les bras ma chère petite fille et je l'embrassai avec une telle force, que je fis peur à l'enfant et aussi à tous ceux qui étaient là ; je le compris bien vite et, me calmant subitement, je me relevai ; je tendis les mains à ceux qui étaient les plus rapproché ; je remerciai les hommes qui venaient de me sauver si courageusement. Ils me répondirent: « Madame, nous n'avons fait que notre devoir, nous sommes pères de famille, et lorsque nous avons vu votre dévouement envers votre enfant, nous nous sommes dit: il ne faut pas qu'une mère comme celle-là périsse, et nous avons eu la chance de vous arracher aux flots. » Le dévouement de ces deux hommes mérite toute l'admiration et toute la reconnaissance dont je suis capable; et il est d'autant plus louable qu'il ne voulurent accepter ni récompense ni remerciement; ils ne me dirent même pas leurs noms ! depuis malheureusement je n'ai pu les retrouver.

La mer commençait à s'apaiser un peu et rendait le sauvetage moins difficile, car les autres canots arrivaient sans se briser.

Le sauvetage des passagers dura depuis cinq heures du matin jusqu'à midi, pendant ce temps j'eus le loisir de penser à notre triste position: nous étions en effet sauvés, mais nous avions tout perdu. D'un autre côté nous n'étions pas tout à fait sans inquiétude, le soleil s'élevait et dans la journée il était très probable que plusieurs d'entre nous seraient frappés d'insolation.

En jetant les yeux autour de moi, je vis d'un côté la mer écumante, notre navire brisé, à demi enfoncé dans les eaux, et le beau drapeau français qui flottait au sommet des mâts implorant le secours étranger; et quand je réfléchis que nous avions tout perdu, les papiers de famille, les souvenirs, les objets précieux, tout, ainsi que la partie de notre fortune que nous avions avec nous, je ne pus m'empêcher de pleurer. Ma chère enfant, que j'avais toujours dans mes bras, me fit revenir à moi-même, en me disant de sa douce petite voix : « Maman, ne pleure pas ; tu vois, je ne suis pas morte! » Cette réflexion me parut inspiré de Dieu; il avait en effet sauvé cette enfant et lui avait conservé sa mère ; aussi, je repris un peu de courage. Je crus qu'au milieu de ces dunes de sable brûlant, en forme d'escaliers où il nous fallait attendre, que nous ne verrions pas les sauvages dont on m'avait parlé quelquefois ; toute l'étendue du désert qui se présentait à nos yeux était silencieuse et solitaire ; mais je sus bientôt à quoi m'en tenir en voyant surgir de tous côtés les Somalis sauvages, noirs, entièrement nus, sauf une ceinture de plumes d'oiseaux qui leur sert avec le tatouage de tout vêtement. Ils ont la chevelure blanchie à la chaux et très crépue ; leur figure est tatouée, ce qui leur donne l'air encore plus sauvage, plus étrange et plus diabolique ; leurs dents sont aussi blanches qu'ils sont noirs ; ces dents ressemblaient à des dents de loups, très effilées et très aiguës.

Ils accouraient de toutes parts, et vraiment ils semblaient des démons d'enfer surgissant de dessous les sables brûlants ; ils dansaient et faisaient entendre des cris de joie féroce ; ils se jetaient à la mer en nageant vers notre navire, où il y avait encore quelques passagers et presque tout l'équipage. Devant nos infortunés compagnons, ils commencèrent à tout prendre, à tout piller, et il revinrent à trois

ou quatre, portant nos colis et nos malles,
sans que nous puissions les réclamer aucune-
ment.

Le brave et digne commissaire du bord,
M. Henry de Martigues, après avoir sauvé au
risque de sa vie la caisse du Mé-kong, fit une
courte excursion aux environs, accompagné de
deux matelots et d'un Malais qui lui servait
d'interprète, afin de voir s'il ne pourrait point
trouver parmi ces Somalis à louer des ânes
ou des chameaux pour nous transporter de
l'autre côté du cap. D'après les signaux donnés par un navire anglais qui s'était arrêté
pour nous secourir, il nous fallait traverser
le désert, vers le cap, la mer était calme,
belle et unie comme une glace, tandis que
du nôtre il était impossible de rien essayer,
sans risquer de faire un nouveau naufrage.

Le malheureux commissaire revint bientôt
nous dire que décidément il était nécessaire
de traverser le désert à pied; il lui avait été
impossible de trouver la moindre aide;
hélas! quelques heures après nous avoir dit

cela, notre brave compagnon succombait, foudroyé par les ardents rayons d'un soleil de feu. Nons eûmes le chagrin d'abandonner son corps, sans autre soin ni autre sépulture que les quelques poignées de sable que chacun de nous lui jeta. M. B..., qui avait pris des croquis de toutes les principales scènes de notre catastrophe, copia fidèlement cette dernière.

Ainsi le brave et dévoué commissaire du Mé-kong, M. Henry de Martigues, mourut en nous laissant le souvenir de son dévouement et de sa bonté : seul son chien ne voulut pas le quitter ; et il est probable que le fidèle animal ne tarda pas à subir le même sort que son infortuné maître !

Pendant que nous étions encore sur le rivage du cap Gardafui, et avant de nous mettre en marche pour traverser le désert, un moment je m'étais un peu écartée de la foule ; seuls, Mme de O. et M. B... étaient avec moi. Nous causions de nos malheurs, lorsque tout à coup, nous nous vîmes entourés par quelques

Somalis, qui avaient l'air de venir résolument vers moi. M. B... voyant cela me dit: « Madame, je ne permettrai pas qu'on touche à un seul de vos cheveux! » et il voulut s'élancer contre eux.

Je le retins avec beaucoup de peine et je lui dis : « Monsieur, si vous voulez que je vous sois reconnaissante toute ma vie, retirez-vous à l'instant! Que pouvez-vous contre ces sauvages? Si vous faites le moindre mouvement, ils sont capables de se réunir et de nous massacrer tous. Ainsi donc, sacrifice pour sacrifice, je suis résolue à tout; merci, et retirez-vous; il n'y a que Dieu seul qui puisse me défendre et me protéger en ce moment. » M. B... comprit que j'avais raison, et il partit en s'arrachant les cheveux. Je restai seule avec les sauvages, car Mme de O . avait disparu.

Les Somalis, d'après ce que je pus comprendre, avaient bonne envie de me garder avec eux, et peut-être de faire présent à leur chef de moi et de mon enfant. J'étais épuisée,

et à peine s'il m'était possible de me tenir
debout; je me recommandai à Dieu par une
fervente prière, pendant que, pâle et immobile,
je restais devant ces affreux hommes. A ce
moment, je vis une vieille sauvage s'approcher de nous; elle parla d'abord à ses compagnons; puis, s'adressant à moi après m'avoir
bien examinée, elle me demanda par signes
si bien réellement j'étais grosse. Comme je lui
répondis affirmativement, elle dit un mot
aux Somalis, et je les vis tous se jeter la face
contre terre et me faire une foule de saluts
respectueux.

Je n'y compris rien d'abord; mais, profitant
de l'occasion, je courus rejoindre mes amis,
qui furent bien surpris de mon aventure. Je
sus plus tard que ces sauvages respectent fort
la femme enceinte, non pas pour elle, mais à
cause de l'enfant qu'elle porte; ils ont peur,
en effet, que l'enfant ne soit un garçon; qu'il
ne devienne grand et puissant, roi ou prophète,
et que plus tard il ne venge sa mère. Je dus
à ce préjugé ma liberté et le bonheur de

voir finir si vite et si bien cette triste aventure.

Le cap Gardafui, en arabe *Ras-Assir* ou *Jerdaffoum*, où nous étions venus si misérablement nous perdre, est situé à l'extrême pointe de l'Afrique septentrio-orientale, entre les 11e et 12e degrés de latitude et par le 49e de longitude. Nous avions été poussés par la tempête sur le rivage, entre les petits ports de *Dama* et de *Tohen*. La côte ici forme un vaste promontoire, qui affecte la forme carrée, et dont le côté qui regarde la côte asiatique a une étendue d'au moins dix lieues ordinaires. Nous allions d'une extrémité à l'autre de cette ligne, et c'est seulement au bout de ce long voyage que nous devions trouver, dans des eaux calmes et à l'abri de la tempête, de l'autre côté du promontoire, le navire anglais qui était venu s'abriter là, pour nous recueillir. Le pays est un véritable désert, et les seuls habitants qu'on y rencontre appartiennent aux tribus Solamis, et s'appellent dans cette partie *Souacron* ou *Medjourtines Osman Mahmoud*.

On se mit en marche à midi, sous les chauds rayons d'un terrible soleil, en enfonçant à chaque pas dans les sables brûlants jusqu'à mi-jambe. Je vis que mon énergie et ma force de volonté ne pourraient pas me suffire, et, succombant à mes douleurs, je tombai sur le sable, et pensai mourir! Je me disais que si j'étais seule au monde, j'aurais le droit de finir mes jours de suite; mais cette chère enfant que j'avais conduite là, pouvais-je la laisser mourir avec moi? Non, mille fois non!

Mais comment faire? J'avais à peine la force de me tenir debout! Une partie de nos compagnons était déjà partie, et moi il m'était impossible de les suivre.

Je pleurais et je me désolais en regardant mon enfant, lorsque j'aperçus M. Plichon, consul de France, de qui j'ai déjà dit un mot, et qui, se doutant de mon état, me cherchai partout; il me découvrit et vint auprès de moi en me disant : « Madame, venez vite, il n'y a pas une minute à perdre; j'ai pensé à vous, à

votre enfant, à votre position, et j'ai tout préparé en conséquence. »

Je le suivis sans mot dire ; je n'avais plus
la force de parler, et je pus juger du dévouement de ce jeune homme ; il avait, avec beaucoup de peine, fabriqué une espèce de brancard
avec des épaves de notre bateau ; puis il avait
payé un nègre, un chauffeur du Mé-kong pour
lui aider à porter ce brancard, où il me fit
monter de force avec mon enfant. Ils me por-
tèrent ainsi à travers le désert jusqu'au
moment où, vers la fin, comme nous com-
mencions à toucher au but de notre pénible
course, il tomba lui-même sans connaissance
sur le sol !.....

Je voulus le secourir à mon tour et je fis
tout ce qui m'était possible, mais en vain ! Je
voyais ce brave jeune homme qui nous avait
sauvé la vie, et qui mourait à cause de nous,
car seul il aurait pu continuer sa course ;
j'essayais toujours de le ranimer, et je ne
voulais pas l'abandonner quand le nègre me
rappela à moi-même en me disant : « Madame,

si nous restons ici encore un moment de plus, nous périrons tous, et votre enfant a déjà les yeux presque fermés; elle est sans mouvement; si nous ne partons pas, elle n'a que quelques minutes à vivre! »

Je fis un bond, et, en effet, je vis ma chère enfant qui, mourante, me demandait à boire! Comment lui donner à boire? Autour de nous il n'y avait que du sable brûlant; je fis prendre ma chère Marguerite par le nègre, et, mettant sur la tête du pauvre M. Plichon un débris de parapluie qu'il avait avec lui et un de mes chapeaux, je le laissai ainsi entre les mains d'un groupe de mes compagnons qui venaient de nous rejoindre, et je partis, l'âme en proie à de cruelles tortures.

Nous étions presque arrivés, et cela me donnait du courage; mais il nous fallait franchir des monticules de sable et une ceinture de rochers; j'avais les pieds en sang, et les épines et les ronces m'enlevaient des lambeaux de chair en me faisant souffrir horriblement : en haut du rocher il fallaitencore descendre, pour rejoindre une chaloupe qui nous attendait dans la mer. Les forces me manquèrent, et je tombai du haut de ce rocher dans la chaloupe ; la chute fut si forte qu'on crut un instant que je venais de me tuer, et ceux qui se trouvaient dans cette embarcation furent très effrayés ; ce fut encore moi qui les rassurai sur mon compte, en leur disant que je n'avais rien ; je souffrais cependant d'une manière atroce.

Une fois là, je pus donner à boire à mon enfant, et avec des sels anglais et du vinaigre je parvins à la ranimer. Mme de O. m'aida ; elle me demanda aussi des nouvelles de M. Plichon, et au moment où j'allai lui répondre en pleurant et lui annoncer sa mort, nous le vîmes arriver pâle et défait, mais sauvé ! Il nous rejoignit bientôt, et nous nous dirigeâmes vers le bateau anglais qui nous attendait, et qui venait de faire le sacrifice de son chargement pour pouvoir nous sauver. Le *Gleenartney*, en effet, avait jeté à la mer une partie de son chargement qui consistait en thé de Chine; ce bateau était bien petit, puisque, malgré cela, nous fûmes obligés de rester ntassés sur le pont, où nous rôtissions le jour et où nous gelions la nuit; les vagues, du reste, nous atteignaient à chaque instant et à peine pouvions-nous bouger, tellement nous étions serrés les uns contre les autres,

Enfin, une fois dans ce navire, l'espoir revint et nous comptions avec inquiétude le nombre de nos compagnons qni arrivaient les uns après les autres : nous demandions des nouvelles de ceux qui n'avaient pas encore paru, et nous attendions avec impatience leur arrivée. Vers sept heures du soir, nous vîmes venir M. B..., qui nous donna des détails sur la mort du commissaire, et nous apprit aussi que le bon M. Arathon, de Madras, avait succombé, lui aussi, dans le désert. M^{mo} de O., qui écoutait cela avec beaucoup d'attention, tendit sa main au jeune homme et le félicita d'avoir échappé à tous les dangers; celui-ci, d'un air solennel, se leva, lui fit un salut et lui dit : « Madame, avant de quitter le Mékong, je suis allé dans votre cabine pour voir si je ne pourrais pas sauver quelques effets à vous; entre autres choses, j'aperçus un objet que je pris avec soin; je le mis autour de ma tête; je suis sûr que c'est cela qui m'a épargné une insolation. » En disant cela, il soulevait une serviette qui lui couvrait la tête et il commença à dérouler doucement et solennellement une magnifique natte de cheveux blonds !.....

Ce fut notre malheureux commandant, M. Foache, qui quitta le dernier le navire, après avoir veillé au sauvetage de tous, et avoir fait preuve du plus grand courage et du plus grand dévouement. Les quelques jours que nous restâmes à bord du *Gleenartney* furent très pénibles. Comme on le sait, nous étions à peine vêtus et nous devions rester ainsi pendant de longues heures sur le pont du navire, où nous avions à peine la place nécessaire pour nous coucher et même nous asseoir.

Nous ne pouvions pas non plus nous laver, ni nous donner le plus petit soin de toilette;

ce qui devenait de plus en plus grave, puisque
après le naufrage et surtout après la traversée
du désert, une grande partie de nos compagnons avait le sang tourné ; de là des ulcères,
des clous, des plaies, et des maladies de peau
affreuses. Ce qu'il y avait de pire, c'est que
nous étions forcés de puiser dans le même
baquet et de boire dans le même verre la
ration d'eau qu'il nous était permis de prendre
matin et soir. Je me souviens que lorsque le
verre m'arrivait, il était sale, à tel point que
je pouvais à peine le regarder, malgré ma
soif dévorante. Et pour que l'eau nous parût
moins trouble, on la faisait chauffer près de
la machine, on y jetait une poignée de feuille
de thé, ce qui lui donnait une couleur dou-
teuse.

Pour la nourriture, nous avions matin
et soir quelques biscuits de matelots ou un
baquet plein de soupe, où tout le monde
puisait.

A notre arrivée à Aden, où le *Gleenartney*
nous conduisit, nous nous logeâmes tous

dans une case qui servait d'hôtel; là, notre premier soin fut de tâcher de prendre un bain et de nous débarbouiller; mais, hélas! comme je l'ai dit ailleurs, il ne pleut à Aden que tous les *dix* ans, et l'eau douce est hors de prix; il était donc très difficile de s'en procurer. Enfin nous fîmes marché avec des indigènes qui nous apportaient de l'eau dans des peaux de bouc dont ils chargeaient leurs chameaux; ils nous faisaient payer tant la peau.

Cela fait, nous cherchâmes à nous habiller; et c'était plus difficile encore! Pour tout vêtement, nous trouvâmes de longues chemises arabes tellement transparentes, qu'il était nécessaire d'en mettre plusieurs les unes sur les autres. La nourriture était très mauvaise et le coucher plus mauvais encore; nous nous étendions par terre sur des nattes, chacun de nous était malade et ressentait dans tout le corps des douleurs, et surtout aux pieds, à la suite de la traversée du désert.

Nous restâmes à Aden une dizaine de jours, pendant lesquels nous eûmes encore le chagrin d'enterrer quelques victimes de notre terrible catastrophe.

Nous souffrions tellement qu'il nous fut impossible d'attendre le temps voulu, pour prendre l'autre paquebot français des Messageries Maritimes qui devait arriver quinze jours après nous; aussi, nous nous décidâmes à prendre le *Zambesi*, capitaine Symaus, qui se rendait à Suez. Ce capitaine voulut bien nous recevoir à son bord; mais en nous faisant signer un contrat, aux termes duquel il était convenu que nous ne nous plaindrions pas de la manière dont nous serions traités; cela nous révoltait au dernier point, et si nous avions pu attendre, nous n'en serions jamais passés par là! Nous promîmes pourtant ce que les Anglais désiraient. Une fois à bord, on nous plaça dans les plus mauvaises cabines; pour les repas, nous dûmes venir à table lorsque les autres passagers avaient fini de manger, et alors on nous donnait les restes.

Sur le pont, on nous avait limité la place que nous devions occuper, etc., etc. On doit se demander le motif de tant de rigueurs, vis-à-vis de malheureux naufragés, qui méritaient cependant l'estime et la sympathie de tout le monde et dont la plus grande partie était des Anglais et des Anglaises, compatriotes des passagers du navire. Eh bien! toutes ces précautions étaient prises contre nous tout simplement parce que nous étions en chemises! C'était *schoking!*..... Ce vêtement sommaire offusquait ceux qui avaient eu le bonheur de ne pas faire naufrage et qui par conséquent se trouvaient habillés!

Du reste, nous ne faisions nullement attention à ceux-ci; nous tâchions de nous distraire en jouant à une foule de jeux d'esprit; et nous nous amusions parfois si bien que les passagers habillés eussent bien désiré faire partie de notre bruyante petite société.

Nous arrivâmes à Suez, et ce fut avec bonheur que nous quittâmes le *Zambesi*. A l'hôtel nous trouvâmes de bons lits pour nous reposer, et nous pûmes prendre des bains, ce qui nous parut délicieux; la nourriture n'était pas trop mauvaise, et dans un magasin nous tombâmes sur un fond de vieux habits qu'on nous vendit très cher, mais que nous étions malgré **tout** enchantés d'acquérir; cela consistait en *vraies* chemises de calicot blanc et en robes de chambre grises pour les dames. Nous vîmes arriver ces messieurs, tous habillés avec des costumes européens dont la couleur ne variait pas entre le jaune-serin et le vert-réséda!

De Suez à Alexandrie nous fîmes le **trajet** en chemin de fer, un trajet de 80 lieues. Grâce aux belles nuits de l'Orient, nous pûmes avoir une idée du pays. Pas un champ cultivé! pas un brin d'herbe! pas un village! pas un ruisseau! et cela pendant 80 lieues! Le train s'arrêta cinq fois en route devant des barraques en planches le long desquelles se dessinait, au clair d'une lune très vive, la silhouette d'un Arabe fumant son éternel chibouque.

A la hauteur du Caire, cependant, nous fûmes

16.

émus par la vue des trois grandes pyramides,
qui me parurent trois immenses catafalques
dressés au milieu du désert. Un ingénieur avec
qui nous voyagions, interrogé par nous sur
l'incroyable nudité du sol égyptien, nous dit
que, indépendamment de la paresse innée dans
tout musulman, il était impossible de cultiver
une terre qui, du reste, jouirait encore aujourd'hui par suite des inondations du Nil de la
fertilité d'autrefois, mais qui était imposée par
le gouvernement de 80 0/0 ; il s'ensuit donc
nécessairement deux choses : 1° c'est que
personne ne veut remuer la terre ; 2° c'est que,
à l'arrivée de la famine, les émigrations se
produisent en masse.

Un autre résultat de cet état de choses : le
sol reste en friches, et est brûlé par un ardent
soleil ; le vent alors soulève des nuages de
poussière qui remplissent continuellement l'at-
mosphère, rendent aveugles la moitié de la
population et incommodent singulièrement les
voyageurs. Après toutes nos misères, nous en
sûmes quelque chose ; nous étions radicalement

ensevelis dans la poussière en arrivant à
Alexandrie, malgré la fermeture de nos
vitrines.

Alexandrie d'Egypte! ce nom rappelle le
grand conquérant qui la bâtit, et Pompée et
Cléopâtre, et saint Marc l'évangéliste, et
saint Athanase, et saint Clément, et Origène,
et tant d'autres. De tant de gloire il ne resta
plus rien que les deux églises des franciscains
et des lazaristes, perdues au milieu d'innombra-
bles mosquées, et des temples grecs, cophtes
et luthériens. Je me trompe; j'ai vu là deux
ruines païennes bien connues; les aiguilles de
Cléopâtre couchées dans le sable et la colonne
de Pompée qui domine la ville, son port magnifique rempli de beaux navires, et le cime-
tière musulman.

La ville actuelle a deux parties bien dis-
tinctes : la cité arabe et la cité européenne;
la première est d'une saleté et d'une irrégula-
rité frappantes. Il y faut voir les grands
marchés qu'on nomme bazars et où viennent
s'exposer toutes les productions comme tous

les costumes de l'Orient. C'est le quartier du brouhaha et du tapage.

La ville européenne me parut régulière, tranquille et belle. La place des Consuls était construite à l'instar des boulevards parisiens et, n'étaient les toitures plates des maisons et le soleil d'Orient, on eût pu se croire transporté au rond-point des Champs-Elysées. Depuis 1840, les vice-rois d'Egypte avaient quelque peu secoué la torpeur ottomane et, à l'instigation des cours européennes, ils avaient cherché à rendre à Alexandrie son ancienne splendeur; on sait ce qu'est devenue la malheureuse ville lors du récent bombardement des Anglais.

En arrivant vers une heure après-midi nous allâmes à l'hôtel des Messageries, où l'on nous attendait avec impatience et où rien n'avait été oublié de ce qui pouvait nous être nécessaire ou agréable. A notre arrivée, il nous semblait être le jouet d'un rêve d'Orient, te nous ne voulions ni parler ni bouger, de peur de voir disparaître cette vision charmante et de retrouver la terrible vérité; à plusieurs reprises, je passais ma main sur mon front et sur mes yeux, ne croyant pas que j'étais éveillée.

Imaginez un splendide jardin dans l'intérieur de l'hôtel, comme ceux qui existent à Séville ou à Grenade, où des milliers d'oiseaux remplissent l'air de leurs concerts harmonieux, où les orangers et les arbres et les fleurs de toutes sortes vous enivrent de leur parfum et vous donnent leur frais ombrage; puis, plusieurs jets d'eau claire et limpide ou des fontaines dont le pur cristal coule avec un doux murmure; un ciel bleu et sans nuages, et vous vous croirez dans le paradis, surtout après tant de cruelles souffrances!

Il y avait là aussi des tables dressées avec toute l'élégance et le luxe européen, où l'on avait servi à profusion les mets les plus exquis de l'Europe et de l'Orient réunis.

Nous déjeunâmes comme depuis longtemps nous ne l'avions fait!

Les pauvres naufragés furent choyés et

gâtés ; on leur donna des chambres spacieuses, où rien ne manquait et où ils purent enfin se reposer sur des lits excellents.

Ils trouvèrent aussi à Alexandrie des magasins où il leur fut permis de s'habiller.

Enfin ils purent partir pour Marseille à bord d'un navire des Messageries, le *Saïd*, capitaine Such. La traversée fut excellente, et la patrie et la famille étaient au bout !

A Marseille chacun de nous partit de son côté ; seuls MM. T..., Plichon et B... ne voulurent pas me quitter ; ils prirent avec moi le rapide qui se dirigeait sur Paris. Ces messieurs furent pleins d'attentions et de bontés à mon égard et à l'égard de mon enfant, et ils ne me quittèrent qu'après m'avoir mis dans les bras des miens.

FIN

TABLE DES MATIERES